놀이와 게임 AI

AI문고

인공지능 시대입니다. 기계가 인간의 인지를 대신하고, 사물이 인간을 통하지 않고 다른 사물과 직접 커뮤니케이션합니다. 이에 따른 인간 삶과 문명 변화를 정확히 이해 · 예측 · 대응하는 것은 이 시대 우리 모두의 과제입니다. AI문고는 인공지능 기술과 환경의 여러 주제를 10가지 키워드로 정리합니다. 관련 개념과 이론, 학계와 산업계의 쟁점, 우리 일상의 변화를 다룹니다. 인간과 기술의 현재, 미래를 세심히 분석합니다.

일러두기

- 인명, 작품명, 저서명, 개념어 등은 한글과 함께 괄호 안에 해당 국가의 원어를 병기했습니다.
- 외래어 표기는 현행 어문규정의 외래어표기법을 따랐습니다.

처음이세요?

전문가세요?

놀이와 게임 AI

이영아

대한민국, 서울, 커뮤니케이션북스, 2025

놀이와 게임 AI

지은이 이영아
펴낸이 박영률

초판 1쇄 펴낸날 2025년 5월 9일

커뮤니케이션북스(주)
출판 등록 2007년 8월 17일 제313-2007-000166호
02880 서울시 성북구 성북로 5-11
전화(02) 7474 001, 팩스(02) 736 5047
commbooks@commbooks.com
www.commbooks.com

ISBN 979-11-430-0107-8 03500

책값은 뒤표지에 표시되어 있습니다.

차례

놀이와 AI의 만남 vii

01 놀이의 본질과 디지털 게임 1

02 AI와 인간의 상호작용 11

03 동적 놀이 서사와 AI 21

04 시각적 놀이 경험과 AI 그래픽 31

05 정서 피드백과 놀이 AI 41

06 AI 아바타와 놀이 동반자 51

07 놀이 공간의 재창조와 AI 61

08 다중 감각의 놀이 경험 71

09 가상세계와 확장과 놀이 81

10 놀이와 AI의 미래 91

놀이와 AI의 만남

인공지능 기술은 현재 우리 일상의 많은 부분에 스며들었지만, 그중에서도 게임 분야는 AI의 혁신이 역동적으로 일어나는 현장 중 하나다. 스마트폰으로 대화하는 음성 비서나 스마트 가전제품의 자동화된 기능들도 인상적이지만 게임 속 AI는 특별하다. 여기서는 AI가 정해진 기능을 수행하는 수준을 넘어 플레이어와 실시간으로 상호작용하고, 플레이 패턴을 학습하며, 때로는 감정적 반응까지 보이는 복합적인 존재로 발전하고 있기 때문이다.

게임은 인간의 놀이 본능이 첨단 기술과 만나는 실험실이자 AI 기술의 가능성을 창의적으로 탐색하는 영역이 되었다. 전 세계 수십억 명의 플레이어들이 매일 AI와 새로운 형태의 상호작용을 경험하고 있다. 이들은 게임 속에서 AI와 협력하고, 경쟁하고, 대화하면서 현실 세계에서는 경험할 수 없는 다양한 관계를 맺고 있다. 이러한 경험들은 디지털 시대의 새로운 사회적 관계 형성 방식을 탐구하는 장이 되고 있다.

이 책 '놀이와 게임 AI'는 인간의 가장 원초적인 활동인 놀이가 첨단 AI 기술과 만나 어떻게 진화하고 있으며, 그 변화가 우리의 문화와 사회에 어떤 의미를 갖는지 탐구한다. 인류는 태초부터 놀이를 통해 세계를 이해하고, 사회적 관계를 형성하며, 창의성을 발휘해 왔다. 고대 문명의 보드게임에서부터 중세의 카드 게임, 근대의 스포츠, 그리고 현대의 디지털 게임에 이르기까지, 놀이는 항상 그 시대의 기술과 문화를 반영하며 발전해 왔다. 이제 AI의 등장으로 놀이는 또 한 번 획기적인 변화를 맞이하고 있다.

네덜란드의 문화 사학자인 요한 하위징아(Johan Huizinga)가 '놀이하는 인간(Homo Ludens)'으로 정의했던 인류의 본질적 특성은 AI의 등장으로 어떻게 확장되고 변형되고 있을까? 하위징아는 놀이가 문화에 선행하는 근원적 활동이며, 인간 존재의 핵심 요소라고 주장했다. 그에 따르면 놀이는 자발성, 분리성(일상과의 구분), 불확실성, 비생산성, 규칙성, 허구성이라는 여섯 가지 특성을 갖는다. 이러한 놀이의 본질적 요소들은 AI 기술의 발전으로 새로운 차원을 맞이하고 있다. 이제 우리는 AI와 함께 놀이하는 시대에 살고 있다. 우리는 AI와 전략 게임을 즐기고, AI가 만든 무한한 가상세계를 탐험하며, AI 캐릭터와 감정적 교류를 나눈다. 이러한 변화는 인간의 놀이 본능과 사회적 관계, 그리고 창의성의 본질에 대한 새로운 질문을 던진다.

디지털 놀이터에서 펼쳐지는 AI의 가능성

이 책의 주제 선정에는 세 가지 이유가 있다. 첫째, 게임은 AI 기술이 가장 활발하게 적용되는 분야이며 학술적으로도 충분한 탐구가 필요하다. 다수의 게임이 이미 복잡한 AI 시스템을 활용하고 있지만, 이러한 발전에 비해 게임 AI에 대한 학술적, 문화적 분석은 상대적으로 부족해 보인다. 또한 일반 대중은 물론 학계에서도 게임 속 AI의 가능성과 혁신성에 대한 인식이 충분히 형성되지 못했다. 로봇공학이나 자율주행 자동차와 같은 분야가 AI 연구의 첨단으로 여겨지는 동안, 게임 AI는 오락이라는 편견 속에 중요성이 다소 간과되었다. 그러나 게임 속 AI는 실시간 상호작용, 감정 모델링, 적응형 학습 등 다양한 첨단 기술을 결합한 복합적인 시스템으로, 현대 AI 연구의 중요한 부분을 차지하고 있다.

둘째, 게임 속 AI는 인간과의 상호작용, 감정 교류, 사회적 관계 형성 등 복합적인 현상을 만들어내고 있다. 플레이어들이 게임 속 AI 캐릭터에게 감정을 느끼고, 때로는 그들의 운명에 깊이 공감하며 도덕적 선택을 고민하는 현상은 인간과 AI의 관계에 대한 새로운 가능성을 제시한다. 이러한 상호작용은 사용자와 도구의 관계에 한정되지 않고 더욱 입체적인 관계로 발전하고 있다는 것을 보여준다. 게임 속에서 AI와 맺는 관계는 미래 사회에서 우리가 AI와 어떻게 공존하고 상호작용할 것인지에 대한 중요한 선행 경험이 될 수 있다. 또한 이는 심리학, 사회학, 철학 등 다양한 학문 분야에서 연구할 가치가 있는 현상이다.

셋째, 게임 분야의 AI 발전은 교육, 의료, 예술 등 다른 분야로 확산하는 파급력을 가지고 있다. 게임에서 개발된 AI 기술들은 다른 산업으로 전이되어 활용되며, 게임은 첨단 기술의 실험장이자 다른 산업으로의 기술 확산을 이끄는 선도적 역할을 하고 있다. 게임 기반 학습은 교육 분야에 혁신을 가져오고 있으며, 디지털 치료제로서의 게임은 의료 현장에서 새로운 가능성을 열고 있다. 또한 게임 기술은 영화, 건축, 제품 디자인 등 창의 산업 전반에 영향을 미치고 있다. 게임 개발에서 시작된 그래픽 렌더링 기술, 물리 시뮬레이션, 자연어 처리 등의 기술은 이제 다양한 산업 분야에서 활용되고 있으며, 이러한 기술 확산은 더욱 가속될 전망이다.

게임 속 AI의 발전은 'AI와 친구가 될 수 있는가?', '디지털 존재와의 관계는 어디까지 진정성을 가질 수 있는가?', '인간과 기계의 경계는 어디인가?'와 같은 철학적 질문을 던진다. 이는 사변적 고민이 아니라 AI와 밀접하게 상호작용하게 될 미래 사회에서 우리가 직면할 실질적인 문제들이다. 게임 속에서 우리는 이러한 질문들을 탐색해 볼 수 있다.

또한 AI 기술이 만들어내는 역동적인 게임 공간과 서사는 우리가 디지털 환경과 상호작용 하는 방식을 근본적으로 변화시키고 있다. AI 기반 게임은 플레이어의 행동에 반응하고 적응하며 계속해서 진화하는 살아 있는 시스템이다. 이는 우리가 게임 공간 자체를 상호작용하고 공동 창조하는 파트너로 인식하는 새로운 패러다임을 제시한다. 이러한 경험은 메타버스, 증강현실, AI 매니저 등과 같은 다른 디지털 환경에서의 상호작용 방식에도 영향을 미칠 것이다.

책의 구성

10개 장으로 구성된 이 책은 놀이의 본질부터 AI의 최신 발전까지 체계적으로 탐색한다. 각 장은 독립적으로 읽을 수 있으면서도 서로 유기적으로 연결되어 있어 AI와 게임의 다양한 측면을 종합적으로 이해할 수 있도록 구성되었다. 독자들은 자신의 관심사에 따라 특정 부분부터 읽어도 좋지만, 처음부터 순서대로 읽으면 게임 AI의 기술적, 문화적, 사회적 측면을 더욱 깊이 이해할 수 있을 것이다.

1장 '놀이의 본질과 디지털 게임'에서는 인류 역사에서 놀이가 갖는 의미와 디지털 환경으로의 전환 과정을 살펴본다. 하위징아와 칙센트미하이 등 이론가들의 시각을 통해 놀이의 본질적 특성을 탐구하고, 이러한 특성이 디지털 게임에서 어떻게 구현되고 확장되는지 살펴본다. 1장은 이후의 논의를 위한 이론적 토대를 제공한다.

2장 'AI와 인간의 상호작용'은 게임 속에서 AI와 인간이 만나는 방식과 그 사회문화적 의미를 탐구한다. 게임 속 AI의 발전 과정을 살펴보고, 단순한 규칙 기반 시스템에서 복잡한 학습형 AI로의 진화 과정을 추적한다. 또한 게임에서의 인간-AI 상호작용이 갖는 특수성과 이러한 상호작용의 사회문화적 의미를 분석한다.

이어지는 장들에서는 AI가 게임의 다양한 측면을 어떻게 변화시키고 있는지 분석한다. 3장에서는 AI가 게임의 서사 구조를 어떻게 역동적으로 변화시키는지, 4장에서는 게임의 시각적 표현에 AI가 어떤 혁신을 가져오는지, 5장에서는 플레이어의 감정 상태를 인식하고 이에 반응하는 정서적 피드백 시스템을, 6장에서는 게임 속 AI 캐릭터가 어떻게 의미 있는 동반자로 발전하고 있는지를 살펴본다.

7장 '놀이 공간의 재창조와 AI'는 게임 세계를 더 역동적이고 개인화된 공간으로 만드는 AI의 역할을 탐구한다. 절차적 생성 기술을 통해 무한한 게임 환경을 만들어내는 방법과 플레이어의 행동에 반응해 실시간으로 변화하는 게임 공간의 구현 방식을 설명한다.

8장 '다중 감각의 놀이 경험'은 다양한 감각을 통합하는 AI 기술을 소개한다. 게임에서 다중 감각적 경험이 어떻게 구현되고 있으며, AI가 이러한 경험을 어떻게 더욱 풍부하고 개인화된 형태로 만들어 가고 있는지 살펴본다.

9장 '가상세계의 확장과 놀이'는 메타버스와 확장 현실에서 AI의 역할을 다룬다. 가상세계가 사회적, 경제적 활동의 장으로 확장되는 과정과 여기서 AI가 수행하는 중요한 역할을 분석한다.

마지막 10장 '놀이와 AI의 미래'에서는 게임 AI의 앞으로의 발전 방향과 이것이 가져올 사회적, 문화적 변화를 전망한다. 기술적 발전 가능성과 함께 윤리적, 철학적 문제도 함께 고려하며 인간과 AI가 함께 만들어갈 놀이의 미래를 그려본다.

이러한 구성을 통해 독자들은 게임 AI의 현재와 미래, 그리고 그것이 가져올 변화를 폭넓게 이해할 수 있을 것이다. 각 장은 관련 분야의 연구 결과와 사례 분석을 포함하고 있어 학술적 깊이와 실용적 통찰을 함께 제공할 수 있을 것으로 기대한다.

탐구되지 않은 영역들

지면 제약으로 본문에 담지 못한 중요한 논의들도 있다. AI 게임의 윤리적 문제는 더 깊은 탐구가 필요한 영역이다. 플레이어의 행동 데이터를 수집, 분석하는 과정에서 발생하는 프라이버시 문제, AI가 생성한 콘텐츠의 저작권 문제 및 편향성의 문제 등은 앞으로 더 심도 있는 논의가 필요하다. 최근 여러 국가에서 게임 내 확률형 아이템에 대한 규제가 강화되고 있는 것처럼 AI 기반 게임 시스템의 윤리적 설계에 대해서도 사회적 합의가 필요할 것이다.

또한 AI 게임 기술의 불평등한 접근성 문제도 중요한 고려 사항이다. 첨단 AI 기능을 갖춘 게임들은 고성능 컴퓨터나 콘솔, 안정적인 인터넷 연결 등 특정 기술적 인프라를 필요로 하는 경우가 많다. 이는 경제적, 지역적 조건에 따라 이러한 경험에 접근할 기회가 불균등하게 분배될 수 있음을 의미한다. 세계 인구의 상당수가 아직 기본적인 인터넷 접속조차 어려운 상황에서 첨단 AI 게임 경험은 일부 계층의 전유물이 될 위험이 있다. 이러한 디지털 격차는 기술 발전의 혜택이 사회 전체에 골고루 분배되지 않을 수 있다는 우려를 낳는다.

더 나아가 AI 게임의 글로벌 영향력과 문화적 다양성에 관한 연구도 필요하다. 게임 AI의 발전은 주로 북미, 유럽, 동아시아의 대형 게임 기업들이 주도하고 있으며, 이는 특정 문화권의 가치관과 미학적 선호를 반영할 수밖에 없다. 어떻게 각 문화권에서 AI 게임이 다르게 수용되고 발전하는지, 그리고 지역적 특성을 반영한 AI 게임 개발이 어떻게 이루어질 수 있는지에 대한 연구는 앞으로의 중요 과제가 될 것이다. 문화적 다양성을 존중하면서도 글로벌 게임 시장에서 경쟁력을 가질 수 있는 균형점을 찾는 것은 게임 산업의 지속적인 과제가 될 것이다.

AI와 게임의 결합은 인간의 놀이 본능이 디지털 환경에서 어떻게 발현되고 확장되는지, 그리고 그 과정에서 AI가 어떤 역할을 하는지에 대한 근본적인 질문을 던진다. 놀이는 인류의 가장 오래된 문화적 활동 중 하나이며, 이제 AI는 이 놀이의 새로운 파트너이자 매개자가 되고 있다. 이러한 변화는 '어떻게 놀이 하는가?'의 문제를 넘어 우리가 자신과 타인, 그리고 기술과 맺는 관계의 본질에 대한 재고를 요구한다. 이 책이 그러한 질문들을 탐구하는 여정에 작은 보탬이 되길 바란다. 게임과 AI의 만남이 만들어낼 미래는 우리가 함께 상상하고 설계해야 할 열린 가능성의 공간이다. 이 책이 그 탐험에 동참하는 독자들에게 영감과 통찰을 제공할 수 있기를 희망한다.

참고문헌

칙센트미하이, 미하이(2005). 『몰입,FLOW』. 한울림.

하위징아, 요한(2010). 『호모 루덴스: 놀이하는 인간』. 연암서가.

황순민(2023.12). Game AI가 게임 스토리, 세계관 캐릭터 스토리라인도 만든다. ≪매경럭스맨≫, 159, 108-111쪽.

Firth, N.(2024.6.20). How generative AI could reinvent what it means to play, AI-powered NPCs that don't need a script could make games—and other worlds—deeply immersive. *MIT Technology Review*, https://www.technologyreview.com/2024/06/20/1093428/generative-ai-reinventing-video-games-immersive-npcs/

Pohl, D.-A.(2023.6.31). A practical guide to AI ethics and accounterbility in video games. Taylor Wessing, https://www.taylorwessing.com/en/interface/2023/ai-and

-video-games/a-practical-guide-on-ai-ethics-and-accountability-in-video-games

Unity Technologies(2023). Unity ML-Agents. https://unity.com/kr/blog/engine-platform/ml-agents-v20-release-now-supports-training-complex-cooperative-behaviors

Wakefield, J.(2024.5.3). How the computer games industry is embracing AI. *BBC*, https://www.bbc.com/news/business-68844761

01
놀이의 본질과 디지털 게임

하위징아의 호모 루덴스, 즉 놀이하는 인류는 언제부터 놀이를 시작했을까? 메소포타미아의 고대 유적에서 발견된 5천 년 전의 주사위에서부터 오늘날 메타버스의 가상세계에서 펼쳐지는 디지털 게임에 이르기까지 인간의 놀이 본능은 시대에 따라 형태를 달리하며 끊임없이 변화하고 있다.

AI와 1인 창업?

놀이의 본질과 역사적 의미

인류 문명의 발달 과정에서 놀이는 여가 활동을 넘어 문화와 사회를 형성하는 요소로 기능해 왔다. 네덜란드의 문화 사학자 요한 하위징아는 그의 저서 『호모 루덴스』에서 인간을 '놀이하는 인간'으로 정의하며 놀이가 문화에 선행하는 근원적인 활동임을 주장했다. 그리고 고대 문명에서 발견되는 다양한 놀이의 흔적들은 놀이가 인간의 본능적 활동임을 입증하는 중요한 증거가 된다. 기원전 3500년경 이집트에서 시작된 〈세네트(Senet)〉는 현존하는 가장 오래된 보드게임 중 하나로 투탕카멘의 무덤에서도 발견될 만큼 당시 사회 전반에 깊이 뿌리내린 놀이였다. 메소포타미아의 〈우르의 왕실 게임(Royal Game of Ur)〉 역시 기원전 2600년경부터 귀족부터 평민까지 널리 즐긴 게임으로 점토판에 기록된 규칙이 현재까지 전해진다. 또한 중국의 〈웨이치(圍棋, 바둑)〉는 기원전 2000년경부터 이어져 온 게임으로 처음에는 점을 치는 도구였다가 점차 군사 전략을 학습하고 교양을 기르는 수단으로 발전했다.

이처럼 시대와 지역은 다르지만, 인류는 언제나 놀이를 통해 즐거움을 찾고 사회적 관계를 맺으며 더 나아가 교육과 종교적 의미까지 부여했다. 그리고 이러한 고대 게임들은 현대 게임의 기본 요소인 규칙, 목표, 보상 체계를 이미 갖추고 있었으며, 이는 놀이의 본질적 요소가 시대를 초월해 지속됨을 보여준다.

놀이의 핵심 요소와 심리학적 의미

하위징아는 놀이의 본질적 특성을 여섯 가지로 정의했는데, 자발성(Free)은 강제되지 않은 자유로운 참여를 의미하고, 분리성(Separate)은 일상과 구분되는 특별한 시공간의 형성을 말하며, 불확실성(Uncertain)은 결과를 예측할 수 없는 흥미진진함을, 비생산성(Unproductive)은 실용적 가치가 아닌 순수한 즐거움을, 규칙성(Governed by rules)은 참여자가 동의한 규정된 질서를, 그리고 허구성(Make-believe)은 현실과 다른 특별한 인식을 의미한다. 이러한 특성들은 심리학적인 관점에서 더욱 중요한 의미를 가지는데 심리학자인 칙센트미하이(Mihaly Csikszentmihalyi)는 플로우(Flow) 이론을 통해 놀이가 제공하는 자발적 몰입 경험의 중요성을 강조했다. 몰입 상태에서 인간은 시간 감각을 잊고 활동 자체에 완전히 집중하게 되는데 이는 자아실현과 정신적 성장의 핵심 요소가 된다.

현대 심리학에서는 놀이의 치료적 가치도 주목하고

있다. 카를 융(Carl Jung)은 놀이가 무의식적 욕구와 감정을 안전하게 표현하고 처리하는 통로가 될 수 있다고 보았고 도널드 위니콧(Donald Winnicott)은 놀이를 통한 창조적 경험이 건강한 자아 발달의 토대가 된다고 설명했다.

이러한 심리학적 통찰은 현대 디지털 게임 디자인에서 핵심 원리로도 활용되고 있다. 게임 개발자들은 플레이어의 자발적 참여를 유도하고 적절한 도전 과제를 제시하며 안전한 시도와 표현의 공간을 제공하는 것으로 더 깊은 몰입과 의미 있는 경험을 유도한다. 또한 AI 기술을 활용한 동적 난이도 조절, 플레이어의 행동 패턴에 따른 맞춤형 콘텐츠 제공, 사회적 상호작용을 촉진하는 시스템 등은 모두 놀이의 본질적 특성에 대한 심리학적 이해를 기반으로 한다.

디지털 시대의 놀이

디지털 기술의 발전은 놀이의 형태를 획기적으로 변화시켰다. 1972년 아타리(Atari)가 출시한 〈퐁(Pong)〉은 디지털 게임의 시작을 알렸고, 이후 비디오게임은 급속도로 발전해 현재의 복잡한 오픈 월드 게임에까지 이르게 되었다. 이러한 발전 과정에서 전통적 놀이의 요소들은 디지털 환경에 맞춰 진화하고 확장되어 나타났다. 디지털 게임에서 규칙은 전통 놀이의 규칙처럼 물리적 제약에 묶여 있지 않고 컴퓨터 프로그래밍을 통해 복잡하고 정교한 규칙 체계를 구현할 수 있게 되었다.

또한 이러한 규칙들은 실시간으로 적용되고 즉각적인 피드백을 제공한다. 롤플레잉 게임들은 캐릭터 육성, 전투, 퀘스트, 아이템 시스템 등 다양한 게임 메카닉스(Game mechanics: 게임의 규칙과 같은 작동 원리나 구조)를 유기적으로 결합해 복잡하면서도 일관된 게임 세계를 구현한다.

목표와 보상 시스템도 획기적으로 발전했는데, 디지털 게임은 주 퀘스트와 보조 퀘스트를 구분해 단계별 목표를 제시하고 달성에 따른 즉각적인 피드백을 제공한다. 또한 성취 시스템은 경험치, 레벨, 업적, 타이틀 등 다층적 보상 체계로 발전했으며, 이러한 성취는 온라인 플랫폼을 통해 다른 플레이어들과 공유되며 사회적 의미를 갖게 되었다.

참여 방식 또한 혁신적으로 확장되었다. 디지털 게임은 시간과 공간의 제약을 넘어 언제 어디서나 즐길 수 있게 되었고, 온라인 기술의 발전으로 전 세계 플레이어들과 실시간 상호작용이 가능해졌다. 또한 난이도 조절 시스템과 다양한 플레이 모드를 통해 각기 다른 실력과 취향을 가진 플레이어들이 자신에게 맞는 방식으로 게임을 즐길 수 있게 되었다.

디지털 게임의 확장

디지털 게임은 전통적 놀이의 본질을 계승하면서도 기술 기반의 혁신적 요소들을 도입해 새로운 구조를 만들었다. 전 세계의 플레이어들을 하나의 가상공간에 모아 새로운 형태의 사회적 경험을 창출하는〈월드 오브 워크래프트(World of Warcraft)〉와 같은 대규모 멀티플레이어 온라인 롤플레잉 게임(MMORPG)에서는 경험의 기반이 되는 게임 구조 와 규칙은 놀이의 본질적 요소를 계승하지만, 다중 동시 접속을 통해 플레이어 간 상호작용이 가능한 하나의 사회적 플랫폼으로 기능하고 있다.

게임의 감각적 경험도 지속적으로 확장되고 있다. 에픽게임즈(Epic Games)에서 개발한 언리얼 엔진(Unreal Engine)과 같은 게임 엔진은 표현이나 환경의 물리적 규칙이 현실에 가깝다. 음향 또한 현실적이고 입체감 있게 구현할 수 있으며, 햅틱 피드백(Haptic Feedback) 기술은 촉각적 경험까지 제공한다. 특히 VR/AR(Virtual Reality/Augmented Reality) 기술의 발전은 게임의 몰입감을 한 차원 높은 수준으로 끌어올렸다.

디지털 게임은 놀이의 접근성 측면에서도 혁신적인 변화를 만들었다. 과거의 놀이가 시간, 공간, 참여자의 물리적 조건 등에 제약을 받았다면 디지털 게임은 이러한 한계를 대부분 극복했다. 모바일 게임의 발전은 PC나 콘솔보다 한 단계 더 나아가 언제 어디서나 게임을 즐길 수 있도록 만들었으며, 다양한 접근성 옵션은 신체적 제약이 있는 플레이어들도 게임을 즐길 수 있게 했다.

또한 디지털 게임은 사회적 관계를 만들기도 하지만 반대로 경험을 더욱 개인화해 높은 수준의 몰입을 만든다. 강화된 내러티브는 풍부한 스토리텔링을 제공하는데 플레이어는 이야기의 주인공이 되어 자신의 선택에 따라 서사를 이끌 수 있으므로 경험의 질을 높이며 개인화한다. 게임의 시스템에서는 플레이어의 선호도와 플레이 스타일을 분석해 맞춤형 경험을 제공한다. 인공지능 기술을 활용한 동적 난이도 조절 시스템은 플레이어의 실력에 맞춰 게임의 난이도를 자동으로 조정해 플레이어는 자신의 수준에 맞추어 게임을 진행할 수 있게 된다. 2017년에 출시된 액션 어드벤처 게임〈젤다의 전설: 야생의 숨결(The Legend of Zelda: Breath of the Wild)〉과 같은 게임은 플레이어에게 완전한 자유를 제공하는 것을 추구하며, 각

자의 방식으로 게임 세계를 탐험하고 즐길 수 있게 한다.

놀이를 통한 교육적 성과는 오래전부터 다양한 분야에서 시도되었다. 디지털 게임은 이러한 부분에서 큰 가능성을 가지고 있으며, 게이미피케이션은 학습 과정에 게임의 요소를 도입해 학습 동기를 높이는 효과적인 방법으로 인정받고 있다. 〈마인크래프트: 에듀케이션 에디션(Minecraft: Education Edition)〉과 같은 교육적으로 활용되는 게임은 복잡한 과학, 수학적 개념을 직관적으로 이해할 수 있도록 돕는다. 또한 시뮬레이션 게임들은 안전한 가상 환경에서 다양한 실험과 경험을 할 수 있는 기회를 제공한다. 이는 특히 위험하거나 절차적으로 어렵거나 비용이 많이 드는 실험적 학습에서 큰 가치를 지닌다.

디지털 기술은 놀이의 본질적 요소를 새로운 차원으로 확장하고 있다. 그러나 이러한 변화 속에서도 자발적 참여, 규칙의 준수, 목표 추구, 보상, 허구성, 예측 불가능성 등 놀이의 근본적 특성은 여전히 유지되고 있으며, 이는 놀이가 인간의 본질적 활동임을 다시 한 번 확인시켜 준다. 더욱 발전된 기술은 놀이의 형태를 계속해서 변화시키지만, 그 본질적 의미와 가치는 앞으로도 변하지 않을 것이다. 오히려 기술의 발전은 더 많은 사람들이 다양한 방식으로 놀이의 본질적 가치를 경험할 수 있게 해 줄 것이다. 이러한 맥락에서 디지털 게임은 인간의 근본적인 놀이 본능이 현대적으로 구현된 형태로 이해되어야 한다. 이는 미래 게임의 발전 방향을 예측하고 설계하는 데 중요한 통찰을 제공할 수 있을 것이다.

참고문헌

김재민(2020). AI의 플레이어 행동패턴 학습에 기반한 게임 난이도 조절에 관한 연구. 석사학위논문, 중앙대학교.

배진순(2016). 초등학생들의 놀이, 웃음활동, 디지털 게임의 선호도 실태 고찰. ≪한국게임학회 논문지≫, 16(6), 7-17쪽.

이상민 · 김승현(2024). 교육용 메타버스 월드 구축을 위한 도구 개발: 마인크래프트 에듀케이션을 중심으로. ≪디지털콘텐츠학회 논문지≫, 25(5), 1167-1179쪽. 10.9728/dcs.2024.25.5.1167

정의준(2013). 디지털 기술과 콘텐츠, 그 효과에 대한 최근 연구 동향. ≪문화콘텐츠연구≫, (3), 33-66쪽.

칙센트미하이, 미하이(2005). 『몰입, FLOW』. 한울림.

하위징아, 요한(2010). 『호모 루덴스: 놀이하는 인간』. 연암서가.

Bulman, L.(2024.2.7). Minecraft Education Is a Game — and a Learning Tool!. *ISTE*, https://iste.org/blog/minecraft-education-is-a-game-and-a-learning-tool

Jung, C. G.(1961). *Memories, dreams, reflections*. Random House.

Otero, J.(2024.6.28). The Legend of Zelda: Breath of the Wild Revie. IGN,

https://www.ign.com/articles/2017/03/02/the-legend-of-zelda-breath-of-the-wild-review
Winnicott, D. W.(2005). *Playing and Reality*(2nd ed.). Routledge.

02
AI와 인간의 상호작용

AI와 인간의 상호작용은 이제 공상과학 영화 속 이야기가 아니다. 특히 게임이라는 가상세계 안에서 AI는 입력을 따르는 출력 기계가 아닌 플레이어와 실시간으로 소통하고 감정을 교류하는 동반자로 변화하고 있다. 1950년대 규칙 기반의 AI 게임에서 시작된 이 여정은 어떻게 발전해 왔으며 어떤 미래를 향해 나아가고 있을까?

AI와 MBTI?

AI와 인간의 상호작용

게임에서 AI와 인간의 상호작용이란 플레이어와 게임 속 인공지능 시스템 사이에서 일어나는 모든 형태의 교류와 반응을 의미한다. 이는 플레이어의 입력에 대한 AI의 응답, AI 캐릭터와의 전투나 대화, AI가 제어하는 가상 환경과의 상호작용 등을 포함한다. 이러한 상호작용은 입출력 관계뿐만 아니라 플레이어의 행동과 선택에 따라 AI가 적절히 반응하고 이에 플레이어가 다시 대응하는 순환적이고 역동적인 과정으로 이루어진다.

컴퓨터 게임 초창기의 AI와 인간의 상호작용은 플레이어가 버튼을 누르면 미리 정해진 알고리즘에 따라 반응하는 것이 전부였고, 게임에 등장하는 상호작용 대상들의 움직임 역시 몇 가지 패턴의 반복이었다. 슈팅 게임의 선구자라 불리는, 1978년 일본의 게임개발사 타이토(TAITO)에서 출시한 아케이드게임 〈스페이스 인베이더(Space Invaders)〉의 외계인들이 그러했고, 비디오게임 역사상 가장 영향력 있는 게임 중 하나인 1980년에 출시한 남코(Namco)의 〈팩맨(Pac-Man)〉 속의 유령들도 기본적인 추적 알고리즘만을 따라다녔다. 그러나 AI 기술의 발전은 이러한 관계를 근본적으로 변화시켰으며, 이제 AI는 플레이어의 행동을 분석하고 학습하며 적절한 반응을 생성할 수 있는 수준에 이르렀다.

이러한 발전은 크게 세 단계로 구분할 수 있다. 첫 번째는 규칙 기반 상호작용 단계로, 미리 프로그래밍된 규칙에 따라 반응하는 단계다. 1993년 출시된 1인칭 슈팅게임(FPS) 〈둠(Doom)〉을 포함해 그 이전에 출시된 대부분의 게임이 이 단계에 속한다고 할 수 있다. 두 번째는 학습 기반 상호작용 단계로, AI가 플레이어의 패턴을 학습해 반응하는 단계다. 라이언헤드 스튜디오(Lionhead Studios)에서 개발하고, 일렉트로닉아츠(Electronic Arts, EA)가 2001년 출시한 시뮬레이션 게임 〈블랙 앤 화이트(Black & White)〉는 이 시기를 대표하는 게임으로, AI 몬스터가 플레이어의 행동을 학습하고, 그에 따라 성격과 행동이 변화하는 혁신적인 시스템을 선보였다. 이 게임은 당시 기준으로 머신 러닝을 게임에 통합한 최초의 사례로, 현대 게임 AI 발전의 초석으로 평가받는다. 마지막으로, 적응형 상호작용 단계에 진입한 오늘날의 AI는 모든 상황과 맥락을 이해하고 유연하게 대응하며, 특히 머신 러닝과 딥 러닝 기술의 발전은 게임 AI의 능력을 크게 향상시켰다. 크리에이티브 어셈블리(The Creative Assembly)에서 개발해 2014년 출시된 서바이벌 호러 게임 〈에일리언: 아이솔레이션(Alien: Isolation)〉의 AI는 플레이어의 위치, 행동 패턴, 게임 진행 상황을 종합적으로 분석해 전략을 조정하는 획기적인 시스템을 선보였다. 이 게임 역시 후속 게임에 영감을 주었고, 게임 AI 연구에서도 중요한 사례로 언급된다.

최근의 게임 AI는 여기서 더욱 발전해 플레이어의 실력 수준을 파악하고, 게임 스타일을 분석하며, 이를 바탕으로 게임 난이도와 AI 캐릭터의 행동을 실시간으로 조절할 수 있는 수준까지 도달했다. 이러한 기술적 진보는 게임 AI가 플레이어와 의미 있는 상호작용을 할 수 있는 지능형 시스템으로 발전했음을 보여준다.

게임 AI와 인간 상호작용의 특수성

게임 콘텐츠에서 AI와 인간의 상호작용은 독특한 차별성을 가진다. 다른 분야와 달리 게임에서의 상호작용은 재미와 도전이라는 요소를 중심으로 설계되기 때문에 AI는 플레이어에게 적절한 수준의 난이도 조절을 통해 도전과 성취감을 함께 제공해야 한다. 캡콤(CAPCOM)의 대전 격투 게임 〈스트리트 파이터 6(Street Fighter 6)〉의 AI는 동적 난이도 조절 시스템을 통해 플레이어의 콤보 사용 빈도, 방어 성공률, 공격 타이밍 등과 같은 행동 패턴을 분석해 적절한 난이도의 대전을 구성한다. 초보자에게는 게임의 기본 규칙을 익히게 하면서 서서히 적응하는 재미를 제공하고, 숙련자에게는 도전 과제를 주어 높은 수준의 재미를 제공한다. 2022년 소니 인터렉티브(Sony Interactive Entertainment)에서 출시한 액션 어드벤처 게임 〈갓 오브 워: 라그나로크(God of War: Ragnarok)〉의 전투 AI는 더욱 발전된 형태의 상호작용을 보여준다. 이 게임의 전투 시스템(Combat Adapter System)은 플레이어의 전투 스타일에 따라 적들의 전술을 실시간으로 조정한다. 예를 들면, 플레이어가 근접 공격을 선호하면 적들은 거리를 유지하며 원거리 공격을 시도하고, 플레이어가 방어적인 스타일을 보이면 적들은 더 공격적인 패턴을 보이는 방식으로 각 전투가 독특하고 긴장감 있는 경험이 되도록 만든다. 이 게임 AI의 주목할 만한 차별적 특징은 게임의 재미를 저해하지 않는 선에서 AI가 '의도적인 실수'를 하도록 프로그래밍 된다는 점이다. 완벽한 플레이를 하는 AI가 반드시 최고의 플레이어 경험을 제공하는 것은 아니기 때문에 인간다운 행동을 모방하는 AI 개발과 동적 난이도 조절의 중요성이 더욱 강조된 셈이다. 이는 게임 AI가 성능의 최적화가 아닌 플레이어의 경험을 최적화하는 방향으로 발전하고 있음을 보여준다.

이러한 특수성은 게임 AI 개발의 독특한 도전 과제를 제시한다. AI는 강력해야 하지만 동시에 너무 강력해서는 안 되며, 예측 가능해야 하지만 동시에 충분히 예측 불가능해야 하고, 실수를 해야 하지만 그 실수가 너무 인위적으로 보여서는 안 된다는 것이다. 이는 게임 콘텐츠에서 인간과 AI의 상호작용은 재미와 도전을 중심으로 설계되어야 하므로, AI의 기술적 성취만이 아닌 도전과 실패의 균형을 고려한 섬세한 디자인이 필요한 분야임을 보여준다.

AI와 인간 상호작용 메커니즘

게임에서 AI와 인간의 상호작용은 크게 세 가지 단계의 메커니즘을 통해 이루어진다. AI가 플레이어의 패턴과 선호도 및 실력 수준 등을 파악하는 행동 인식 단계, 게임의 현재 상태와 맥락을 분석하는 상황 이해 단계, 그리고 수집된 정보를 바탕으로 적절한 대응을 만들어내는 반응 생성 단계다. 시뮬레이션 게임 시리즈 〈포르자 모터스포츠(Forza Motorsport)〉의 드라이바타(Drivatar) 시스템은 이러한 메커니즘을 잘 보여준다. 마이크로소프트가 특허를 보유한 이 AI 시스템은 우선 플레이어들의 운전 데이터를 분석해 개별적인 운전 스타일을 학습하고(행동 인식), 시스템은 코너 진입 방식, 브레이킹 포인트, 레이싱 라인 선택 등의 데이터를 수집해 경주 상황에서의 맥락을 파악하며(상황 이해), 이를 바탕으로 각 플레이어의 특징적인 주행 패턴을 AI 드라이버에 반영한다(반응 생성). 이를 통해 플레이어들은 실제로는 AI이지만 다른 플레이어와 경주를 즐기는 듯한 경험을 한다. 밸브 코퍼레이션(Valve Corporation)에서 출시한 FPS 게임 〈하프라이프(Half-Life)〉의 AI도 이 세 가지 메커니즘이 잘 구현된 사례다. AI는 플레이어의 무기 선택과 전투 스타일을 분석하고(행동 인식), 전장의 지형지물과 아군의 배치를 고려하며(상황 이해), 투척 무기 사용이나 포위 작전 같은 조직적인 전술로 대응한다(반응 생성). 이러한 AI 시스템은 후속작인 〈하프라이프2(Half-Life2)〉에서 더욱 발전되어 적군뿐만 아니라 아군 NPC의 전술적 행동도 더욱 정교해졌다. 이러한 상호작용 메커니즘의 발전은 게임 내 AI가 더욱 정교하고 맥락에 맞는 반응을 생성할 수 있게 되었음을 보여준다. 특히 행동 인식, 상황 이해, 반응 생성이라는 세 단계가 유기적으로 연결되면서 AI는 플레이어의 행동에 더욱 자연스럽게 대응할 수 있게 되었다.

AI와의 상호작용의 사회문화적 의미

AI와의 상호작용은 새로운 형태의 사회문화적 의미를 만들어내고 있다. 특히 게임 속 AI와의 상호작용은 플레이어들에게 새로운 형태의 사회적 경험을 제공함으로써 디지털 시대의 커뮤니케이션 방식에 영향을 미치는 동시에 새로운 형태의 사회적 관계를 형성하는 매개체가 되고 있다. 또한 AI와의 상호작용을 통한 경쟁, 협력, 의사소통 등 다양한 사회적 경험은 현실 세계의 사회적 상호작용 방식에도 영향을 미친다. 특히 디지털 네이티브 세대의 학습과 소통 방식의 변화는 주목할 만하다. 이들은 AI와의 상호작용을 통해 문제 해결 능력을 키우고, 다양한 상황에서의 의사결정 방식을 학습하며, 새로운 형태의 디지털 리터러시를 발전시키고 있다. 또한 실시간으로 피드백을 주고받는 쌍방향 커뮤니케이션은 전통적인 일방적 학습 방식과 다른 새로운 교육적 효과를 보여주고 있다. 농구 스포츠 시뮬레이션 게임 시리즈 〈NBA 2K〉는 이러한 AI를 활용한 교육적 상호작용의 좋은 사례다. 이 시리즈의 AI 시스템은 실제 NBA 선수들의 플레이 데이터를 기반으로 설계되었다. 게임의 연습 모드에서 AI는 플레이어에게 기본적인 농구 전술과 팀워크를 배울 기회를 제공하며, 픽앤롤 같은 기본 전술부터 복잡한 팀 전술까지 단계별로 학습할 수 있는 구조를 갖추고 있다. 라이엇 게임즈(Riot Games)의 〈리그 오브 레전드(League of Legends)〉의 튜토리얼 시스템(연습 모드) 역시 새로운 플레이어의 게임 적응을 돕는 동시에 게임 커뮤니티 내에서의 사회적 상호작용을 자연스럽게 유도한다. 플레이어들은 AI 봇과의 연습을 통해 게임의 기술적 측면과 팀워크, 커뮤니케이션의 중요성도 함께 배우게 된다.

이렇듯 게임 AI 시스템들은 사회적 상호작용의 새로운 모델을 제시하고 있다. 게임 개발사들도 사회문화적 영향을 고려해 AI 시스템을 지속적으로 발전시키면서 더 많은 사용자가 자연스럽게 디지털 환경에서 상호작용을 경험할 수 있도록 노력하고 있다. 이는 디지털 시대의 새로운 사회적 관계 형성 방식과 커뮤니케이션 문화를 만들어가는 데 기여하고 있다.

참고문헌

당녕 · 염준영(2023). NPC와 상호작용을 통한 몰입감에 대한 연구 – 생성형 AI를 활용한 RPG 게임과 비활용 RPG 게임 비교를 중심으로. ≪만화애니메이션 연구≫, 187–219쪽.

정석호(2017). 인공지능 캐릭터 기반 모바일RPG 개발을 통한 역할이론의 재정립. 박사학위논문, 공주대학교.

Bird, J.(2024.6.25). AI and Machine Learning in Game Development. *T.PLAN*, https://www.t-plan.com/ai-and-machine-learning-in-game-development/

Robertson, G. & Watson, I.(2014). A review of real-time strategy game AI. *Ai Magazine*, 35(4), pp.75-104.

Thompson, T.(2022.5.2). The AI of DOOM(1993), A modern classic that's almost 30 years old, let's find out how it works!. *Game Developer*, https://www.gamedeveloper.com/game-platforms/the-ai-of-doom-1993

Wexler, J.(2013.12.26). The Creature A.I. of Black and White. *Some Gamez*, https://somegamez.com/wit/creature-ai-black-and-white

03
동적 놀이 서사와 AI

AI가 만들어 가는 게임의 세계는 예측 가능한 이야기를 따르지 않는다. 실시간으로 플레이어의 행동과 선택을 분석하고, 그에 따라 이야기를 만들어 가기 때문이다. 선택의 순간마다 새로운 가능성이 열리고, 모든 플레이어는 자신만의 고유한 이야기를 경험하게 된다. AI는 게임의 이야기를 역동적으로 변화시키고, 우리의 게임 경험을 더욱 개인화하고 있다.

AI와 난임 극복?

게임 서사의 발전과 AI의 역할

전통적인 게임 서사는 각 분기점에서 미리 작성된 여러 이야기의 경로 중 하나를 선택하는 방식으로 발전해 왔다. 1979년 MIT 다이내믹 모델링 그룹에 의해 개발된 텍스트 어드벤처 게임 〈조크(Zork)〉는 순수하게 텍스트로만 진행되는 게임으로, 플레이어는 '동쪽으로 가기' 또는 '서쪽으로 가기' 등의 텍스트 명령어를 입력해 게임을 진행한다. 당시로서는 혁신적이었던 이 텍스트 기반 상호작용은 현대 게임 서사의 시작점이 되었다.

1990년대에 들어서면서 선택지 기반의 서사가 본격적으로 발전했다. 스퀘어(Square)에서 개발한〈크로노 트리거(Chrono Trigger)〉는 여러 시간대를 넘나들며 플레이어의 선택에 따라 12개의 서로 다른 결말을 볼 수 있는 시스템을 선보였다. 〈파이널 판타지 7(Final Fantasy 7)〉은 골드 소서(Gold Saucer) 데이트 이벤트에서 게임 내 특정 대화나 상황에서 얻는 포인트를 기반으로 데이트 상대가 결정되는 시스템을 도입했다. 이는 게임 진행 중의 행동이 후속 이벤트에 영향을 미치는 초창기의 서사 분기 시스템이었고, 이후 리메이크버전에서 관계 레벨이라는 개념으로 발전되어 더욱 복잡하고 정교한 시스템으로 구현되었다.

2009년 바이오웨어(BioWare)에서 출시한 판타지 롤플레잉게임(Role-Playing Game, 역할 수행 게임) 〈드래곤 에이지: 오리진(Dragon Age: Origins)〉은 보다 발전된 선택과 결과 시스템을 선보였다. 플레이어의 선택은 동료 캐릭터들과의 호감도에 영향을 미치고, 이는 다시 주요 스토리 전개와 결말에 변화를 주는 구조를 가진다. 특정 동료와의 호감도가 높아지면 해당 캐릭터의 개인 스토리가 추가로 공개되고, 이는 메인 스토리의 새로운 선택지로 이어진다. 2018년 소니 인터렉티브 엔터테인먼트(Sony Interactive Entertainment)가 서비스한 어드벤처게임 〈디트로이트: 비컴 휴먼(Detroit: Become Human)〉은 2038년 미국 디트로이트를 배경으로 한다. 이 시대의 디트로이트는 안드로이드 제조 산업으로 새로운 부흥기를 맞이했지만, 실업률 및 범죄율 증가와 같은 새로운 사회 문제에 직면해 있다는 설정이다. 이 게임은 더욱 진보된 서사 시스템을 보여준다. 플레이어의 모든 선택을 시각화했고, 각 선택이 어떤 결과로 이어졌는지 명확하게 확인할 수 있다. 특히 세 명의 주인공의 이야기가 서로 얽히면서 한 캐릭터의 선택이 다른 캐릭터의 스토리에 영향을 미치는 복잡한 서사 구조를 성공적으로 구현했다.

이처럼 게임의 서사는 1970년대의 단순한 텍스트 명령어 기반의 상호작용에서 시작해서 1990년대의 다중 결말 시스템, 2000년대의 복합적인 관계 시스템을 거쳐 현대의 정교한 인과관계 시스템으로 발전해 왔다. 특히 주목할 만한 점은 게임 서사가 분기점을 늘리는 형태에 머무르는 것이 아니라 플레이어의 선택과 그 결과를 더욱 유기적으로 연결하고 이를 시각적으로 명확하게 전달하는 방향으로 발전했다는 것이다. 이러한 발전은 게임이 풍부한 서사적 경험을 제공하는 콘텐츠로 발전할 수 있는 가능성을 보여준다.

동적 서사 시스템의 메커니즘

게임 디자이너 크리스 크로포드(Chris Crawford)는 2012년 『크리스 크로포드의 인터랙티브 스토리텔링(Chris Crawford on Interactive Storytelling)』에서 게임의 동적 서사 시스템이 갖춰야 할 기본 요소로 '스토리 월드(Story world)', '드라마 매니저(Drama Manager)', '동사 시스템(Verb System)'의 세 가지를 제시했다. 스토리 월드는 캐릭터, 사건, 상호작용 규칙이 통합된 가상공간을 의미하며, 드라마 매니저는 AI 기반 시스템으로 서사 흐름을 관리한다. 동사 시스템은 플레이어가 스토리 월드와 상호작용하는 방식을 정의한다. 이 이론적 틀은 AI 기반 서사 시스템 개발에 직접적인 영향을 미쳤으며, 현대 게임의 NPC(Non-Player Character: 플레이어가 조작하지 않는 게임 속 캐릭터) 행동 알고리즘과 동적 관계 모델링 등에 적용되어 서사 시스템 발전에 기여했다. 라리안 스튜디오(Larian Studios)에서 개발한 역할 수행 게임 〈디비니티: 오리지널 신 2(Divinity: Original Sin 2)〉는 이러한 구조를 실제로 구현한 사례다. 게임은 평판 시스템(Attitude System)을 통해 플레이어의 선택이 NPC들의 반응과 퀘스트 전개에 영향을 미치는 구조를 가지고 있다. 예를 들면, 특정 NPC에게 적대적인 행동을 하면 관련된 퀘스트의 진행이 제한되거나 변경될 수 있다. 바이오웨어(BioWare)의 〈매스 이펙트 시리즈(Mass Effect series)〉는 22세기 우주를 배경으로 한 SF 액션 RPG로, 플레이어는 지구 연합군 소속의 사령관이 되어 은하계를 위협하는 다양한 위험에 맞서 싸운다. 이 게임에서 파라곤(Paragon)은 협력적이고 도덕적인 선택을, 레니게이드(Renegade)는 실용적이고 강압적인 선택을 의미한다. 플레이어가 대화와 상황에서 내리는 결정에 따라 각 점수가 누적되며, 이에 따라 새로운 대화 옵션이 열리고 게임의 결말까지 바뀌게 된다. 여기서 중요한 부분은 이러한 시스템들은 각 게임의 장르와 목적에 맞게 조정되어 구현된다는 것이다. 또한 세 요소가 서로 유기적으로 연결되어 작동된다. 즉, 플레이어의 선택은 시스템에 의해 기록되고, 이는 다시 게임 세계의 변화로 이어지게 되는 것이다.

이와 같이 AI 기반 서사 생성은 콘텍스트 분석, 스토리 생성, 실행의 과정을 거치게 되며, 이러한 기술적 메커니즘은 실제 게임에서 다양한 형태로 구현되고 있다. 2015년 슈퍼매시브 게임즈(Supermassive Games)에서 개발한 호러 게임 〈언틸 던(Until Dawn)〉은 버터플라이 이펙트(Butterfly Effect: 작은 선택이 미래에 큰 영향을 미치는 현상) 시스템을 통해 선택의 영향을 추적한다. 게임은 플레이어의 각 선택이 향후 스토리에 어떤 영향을 미칠 수 있는지를 아이콘으로 표시하며, 이러한 선택들은 8명의 캐릭터들의 생존 여부와 직접적으로 연결된다. 예를 들어 초반부에 특정 아이템을 획득하거나 놓치는 선택이 수 시간 후의 생존 상황에 결정적인 영향을 미칠 수 있다. 게임은 또한 관계 상태(Relationship Status) 시스템을 통해 캐릭터들 간의 관계를 수치화해 보여주며, 이는 위기 상황에서 캐릭터들이 서로를 도울지 버릴지를 결정하는 중요한 요소가 된다. 모든 캐릭터가 생존할 수 있는 '모두 생존' 결말부터 '전원 사망'하는 최악의 결말까지 플레이어의 선택에 따라 수백 가지의 결말 조합이 가능하다. 게임의 서사 생성 메커니즘은 플레이어의 결정을 체계적으로 추적하고 이를 스토리에 반영하는 방식으로 발전했다.

이렇듯 동적 서사 시스템의 발전은 플레이어의 모든 행동이 의미 있는 결과로 이어지는 복합적이고 유기적인 서사 경험을 가능하게 했다. 크로포드가 제시한 이론적 틀은 AI 기술의 발전과 결합해 더욱 정교한 상호작용 시스템으로 구현되고 있으며, 이는 게임을 보다 역동적이고 개인화된 서사 매체로 발전시키는 핵심 동력이 되고 있다.

동적 서사의 도전 과제

AI 기반 동적 서사는 현재 여러 기술적, 구조적 도전 과제에 직면해 있다. 이러한 과제들은 실제 게임 개발 과정에서 구체적으로 드러나고 있으며, 각 개발사는 이를 해결하기 위한 다양한 접근 방식을 시도하고 있다. 워호스 스튜디오(Warhorse Studios)에서 개발한 오픈 월드(자유롭게 탐험할 수 있는 광범위하고 제한 없는 가상 게임 환경) 액션 RPG 〈킹덤 컴: 딜리버런스(Kingdom Come:

Deliverance)〉는 동적 서사의 주요 과제 중 하나인 서사적 일관성을 해결하고자 했다. 플레이어의 대화 선택과 행동에 따라 NPC들의 평판이 변화하고, 이는 퀘스트의 진행 방식과 대화 옵션에 영향을 미친다. 특히 이 게임은 1403년 보헤미아 왕국을 배경으로 역사적 사실에 기반한 스토리와 세계관을 바탕으로 하므로 시대적 맥락과 이야기의 일관성을 유지해야 하는 과제가 중요했다. 게임은 이를 위해 역사적 고증을 바탕으로 한 세밀한 대화 시스템과 NPC들의 일상 루틴을 구현했으며, 플레이어의 선택이 역사적 맥락 안에서 자연스럽게 이어지도록 설계했다.

오픈 월드 액션 RPG 〈디비전 2(The Division 2)〉는 다중 플레이어 환경에서의 동적 서사라는 도전 과제를 보여준다. 개발사인 유비소프트(UbiSoft Entertainment S.A.)는 여러 플레이어가 동시에 존재하는 세계에서 각자의 선택이 의미를 가지면서도 서로의 경험을 해치지 않는 균형을 맞추고자 했다. 게임은 개인의 스토리 진행과 공용 공간에서의 활동을 분리해 이 문제를 해결했는데, 특히 '다크존'이라는 PvPvE(Player vs Player vs Environment, 플레이어 대 플레이어 대 환경) 구역을 통해 멀티플레이어 환경에서도 개인화된 서사 경험을 제공하는 혁신적인 시도를 보여주었다.

이러한 현재의 도전 과제들은 동적 서사의 발전 방향을 제시한다. 플레이어의 자유도와 서사의 완성도 사이의 균형과 다중 플레이 환경에서 개인화된 경험을 제공하는 것, 그리고 복잡한 선택과 결과의 관계 관리 등이 주요 과제로 남아 있다. 특히 AI 기술의 발전과 함께 이러한 과제들을 해결하기 위한 새로운 접근 방식들이 시도되고 있다. 머신 러닝을 활용한 NPC의 행동 패턴 생성, 자연어 처리 기술을 활용한 더욱 자연스러운 대화 시스템 구현, 플레이어의 행동 패턴을 분석해 개인화된 스토리 분기를 제공하는 등의 혁신적인 시도들이 이루어지고 있다. 이러한 과제들의 해결은 게임 서사의 새로운 가능성을 열어줄 것이며, 더 나아가 인터랙티브 스토리텔링의 미래를 형성하는 중요한 기반이 될 것이다. 특히 AI 기술의 발전은 이러한 도전 과제들을 해결할 수 있는 새로운 도구와 방법론을 제공할 것으로 기대된다.

참고문헌

구양림자(2024). 게임의 인터랙티브 스토리텔링 구조와 몰입(Flow)에 관한 연구: 디트로이트: 비컴 휴먼(Detroit: Become Human)을 중심으로. ≪디지털콘텐츠학회논문지≫, 25(4), 875-885쪽. 10.9728/dcs.2024.25.4.875

박상용(2022). 게임의 서사와 사용자 경험. ≪다문화콘텐츠연구≫, 40, 143-167쪽. 10.15400/mccs.2022.06.40.5

alex_co(2015.8.6.). Until Dawn Butterfly Effect System Explained in New Trailer. *PSLS*, https://www.playstationlifestyle.net/2015/08/06/dawn-butterfly-effect-system-explained-new-trailer/

Crawford, C.(2004). *Chris Crawford on interactive storytelling*. Pearson Education.

Evans-Thirlwell, E.(2025.2.3). Kingdom Come: Deliverance 2 review: a bastard for all seasons. *Rock Paper Shotgun*, https://www.rockpapershotgun.com/kingdom-come-deliverance-2-review-a-bastard-for-all-seasons

KBABZ., et al.(2024.6.10). Paragon & Renegade. *IGN*, https://www.ign.com/wikis/mass-effect/Paragon_&_Renegade

Lebling & Blank(1979). Special feature zork: a computerized fantasy simulation game. *Computer*, 12(4), pp.51-59.

04
시각적 놀이 경험과 AI 그래픽

시각적 표현은 게임 경험의 핵심이다. AI는 이제 실시간으로 새로운 그래픽을 생성하고, 플레이어의 행동에 반응해 시각적 요소를 변화시키며, 이전에는 상상도 할 수 없었던 수준의 사실적인 그래픽을 구현한다. AI는 이러한 게임의 시각적 표현을 혁신하고, 더 다양한 시도를 가능하게 해 깊은 몰입감을 만드는 콘텐츠를 만드는 역할을 한다.

AI와 사주?

AI 기반 그래픽 품질 향상

NVIDIA가 개발한 DLSS(Deep Learning Super Sampling 딥 러닝 기반 초고해상도 기술)는 AI를 활용한 그래픽 기술의 대표 주자다. DLSS는 숙련된 화가가 완성도 낮은 그림을 완성도 높은 그림으로 다시 그리는 것처럼 작동한다. NVIDIA는 수천 장의 고품질 이미지로 AI를 학습시켜 게임의 저해상도 이미지를 고해상도처럼 선명하게 만들어 준다. DLSS는 여러 세대를 거치며 발전해 왔다. 2018년 처음 등장한 DLSS 1.0은 각 게임마다 AI를 개별적으로 학습시켜야 했고, 이를 새로운 게임에 적용하기까지 오랜 시간이 걸렸다. 때로 이미지가 흐릿하게 보이는 문제가 있었으나 2020년 출시된 DLSS 2.0은 이러한 한계를 크게 개선했다. 하나의 AI 모델로 다수의 게임에 적용할 수 있게 되었고, 이미지 품질도 크게 향상되었다. 특히 모션 벡터라는 기술을 활용해 움직이는 물체도 선명하게 표현할 수 있게 되었다. 예를 들어 달리는 자동차나 날아가는 총알도 흐릿해지지 않고 선명하게 보이게 되었다. DLSS 2.0의 또 다른 혁신은 DLAA(Deep Learning Anti-Aliasing) 모드의 추가다. 이는 게임 화면의 계단 현상(물체의 가장자리가 톱니처럼 보이는 현상)을 제거하는 기술로 기존 방식보다 더 선명하고 깨끗한 이미지를 제공할 수 있게 도와준다. 2022년 등장한 DLSS 3는 한 단계 더 진화했다. 이전 버전이 이미지 해상도를 높이는 데 중점을 두었다면 DLSS 3는 프레임 생성 기술을 도입했다. 애니메이션에서 중간 프레임을 만들어 움직임을 표현하는 것처럼 AI가 게임 화면 사이사이에 새로운 장면을 자동으로 만들어내는 기술이다. NVIDIA의 공식 발표에 따르면 DLSS 3는 RTX 4000 시리즈 그래픽카드에서 연속된 두 이미지 프레임 사이의 픽셀 움직임을 빠르고 정확하게 계산하는 기능인 광학 플로우 가속기라는 특별한 하드웨어의 도움을 받아 작동한다. 이 기술이 적용된 〈사이버펑크 2077(Cyberpunk 2077)〉과 같은 게임에서는 레이트레이싱(Raytracing: 빛의 경로를 추적해 사실적인 조명 효과를 구현하는 기술)을 최고 품질로 켜 두고도 부드러운 프레임률을 경험할 수 있다. 최신 버전인 DLSS 3.5는 레이트레이싱 효과의 품질을 한층 더 개선했는데, 특히 레이 리컨스트럭션(Ray Reconstruction)은 AI를 활용해 적은 수의 레이트레이싱 샘플로 고품질 게임 그래픽을 생성하는 기술이다. 이를 통해 유리창의 반사나 금속 표면의 반사광 같은 섬세한 효과를 더욱 선명하게 표현할 수 있게 되었다. AMD(Advanced Micro Devices)도 이에 맞서 FSR(FidelityFX Super Resolution, 고품질 초해상도)이라는 기술을 개발했다. 2022년 공개된 FSR 2.0은 DLSS와 비슷한 원리로 작동하지만 특별한 하드웨어 없이도 사용할 수 있다는 장점이 있다.

실시간 렌더링과 라이팅

게임 세계의 빛과 그림자는 현실감을 좌우하는 핵심 요소다. 언리얼 엔진 5에서 선보인 루멘(Lumen)은 실제 세계처럼 빛이 공간 안에서 자연스럽게 반사되고 퍼져나가는 것을 구현한다. 예를 들어 햇빛이 창문으로 들어와 방 안의 물체들에 반사되어 그림자가 드리운 구석까지 은은하게 비치는 효과를 실시간으로 만들어 낸다. 〈매트릭스 어웨이큰스(The Matrix Awakens)〉 데모에서는 이 기술을 활용해 도시의 유리창에 비치는 반사광, 비에 젖은 거리에 비치는 네온사인의 반사 등을 실제처럼 표현했다. 또한 가상 그림자 맵(Virtual Shadow Maps) 기술은 복잡한 장면에서도 정교한 그림자를 효율적으로 만들어 낸다. 수백만 개의 작은 조각(폴리곤, Polygon: 3D 그래픽에서 물체를 구성하는 기본 도형 단위)들로 이루어진 복잡한 그래픽 모델이 있더라도 각각의 부분이 만드는 그림자를 자연스럽게 표현할 수 있다.

나뭇잎 하나하나가 만드는 섬세한 그림자까지 실제와 유사하게 현실감 있는 표현이 가능하다. 유니티 엔진의 HDRP(High Definition Render Pipeline, 고해상도 렌더링 파이프라인)는 영화 수준의 그래픽을 게임에서 구현하기 위한 도구다. 2019년 처음 등장한 이후 계속 발전해 이제는 안개가 빛을 통과시키는 효과, 피부나 왁스 같은 반투명한 재질의 표현, 물리 법칙에 기반한 사실적인 재질 표현 등이 가능해졌다. 특히 2022년 버전부터는 영화 제작에서 사용하는 것과 같은 수준의 조명 효과를 지원한다. 또한 GPU를 활용한 새로운 처리 방식으로 이전보다 10배나 빠르게 조명 효과를 계산할 수 있게 되었다. 포에이 게임즈(4A Games)에서 개발한 1인칭 슈팅 게임 〈메트로 엑소더스 PC 인핸스드 에디션(Metro Exodus PC Enhanced Edition)〉은 레이트레이싱이라는 기술을 적절하게 적용한 게임이다. 특히 이 게임의 지하 터널 장면에서 횃불이나 손전등 빛이 벽면에 반사되어 만들어내는 미묘한 그림자와 반사광을 실제와 같이 표현했다.

캐릭터와 애니메이션

게임 속 캐릭터가 더 실제 사람처럼 보이고 움직이게 된 데에는 AI 기술도 큰 역할을 했다. 에픽게임즈가 2021년 공개한 메타휴먼 크리에이터(MetaHuman Creator)는 마치 실제 사람을 스캔한 것 같은 디지털 캐릭터를 만들어내는 도구다. 이 기술은 사실적인 형태의 캐릭터와 동시에, 200가지가 넘는 다양한 표정을 자연스럽게 만들어 낼 수 있다. 메타휴먼의 혁신적인 점은 아이폰의 전면 카메라로도 실시간 표정 캡처가 가능하다는 것이다. 라이브 링크 페이스(Live Link Face)라는 iOS 앱을 통해 배우가 연기하는 표정이 실시간으로 디지털 캐릭터에 반영되어 실제 사람이 연기하는 것처럼 자연스러운 표정 변화를 만들어 낼 수 있다. 이 기술은 2024년 5월 출시한 게임 〈헬블레이드 2: 세누아의 사가(Hellblade II: Senua's Saga)〉에 적용되어 주인공 캐릭터의 섬세한 감정 표현을 가능하게 했다.

그래픽 기술과 질감 표현

게임의 시각적 품질을 결정하는 것은 해상도나 프레임과 함께 물체의 질감을 얼마나 사실적으로 표현하는가도 매우 중요하다. 엔비디아는 2023년 GTC 콘퍼런스에서 AI를 활용한 혁신적인 텍스처 기술을 선보였다. 이 기술은 저해상도의 질감 이미지를 최대 8배까지 선명하게 확대할 수 있다. 나무의 거친 표면이나 천의 섬세한 주름과 같은 디테일을 더욱 섬세하게 표현할 수 있게 되었다. 언리얼 엔진 5의 새로운 머티리얼 시스템(Material System: 3D 그래픽에서 물체의 표면 외관을 정의하고 제어하는 도구)은 물체의 표면을 더욱 사실적으로 표현한다. 이전에는 고해상도 텍스처를 사용하면 게임 중간에 간헐적으로 화면이 멈추는 경우도 있었지만, 새로운 버추얼 텍스처링 기술(Virtual Texturing: 필요한 부분만 고해상도로 불러오는 텍스처 처리 기술)은 8K 해상도의 초고화질 텍스처도 부드럽게 처리할 수 있다. 이는 스마트폰에서 고해상도 지도를 볼 때 보고 있는 부분만 상세하게 불러오는 것과 비슷한 원리다.

NVIDIA는 더 나아가 'RTX 신경 렌더링'이라는 미래 기술을 연구하고 있다. 이 기술은 레이트레이싱과 AI를 결합해 더욱 사실적인 그래픽을 구현한다. 특히 빛이 여러 번 반사되어 만들어내는 미세한 효과까지 실시간으로 계산할 수 있다. 예를 들어 유리잔 속의 물이 테이블 위에 만드는 복잡한 그림자나 금속 표면에 비치는 주변 환경의 왜곡된 반사 같은 효과를 더욱 사실적으로 표현할 수 있게 된다. 유니티 엔진도 2022년 LTS 버전에서 획기적인 발전을 이뤘다. 새로운 GPU 기반 머티리얼 시스템은 수천 개의 서로 다른 재질을 동시에 효율적으로 처리할 수 있다. 이는 특히 광활한 오픈 월드 게임에서 큰 성능 향상을 가져온다. 예를 들어 거대한 도시의 모든 건물이 각각 다른 재질로 이루어져 있더라도 게임이 부드럽게 실행될 수 있게 된 것이다.

이처럼 AI 기술은 게임의 시각적 표현을 끊임없이 발전시키면서 개발자들이 더 효율적으로 작업할 수 있도록, 또 더 많은 플레이어들이 고품질 그래픽을 즐길 수 있도록 만들고 있다.

AI와 시각적 놀이 경험

게임에서 시각적 경험은 그래픽 품질 이상의 의미를 가진다. 플레이어가 게임 세계에 몰입하고 감정적 교감을 나누며 의미 있는 상호작용을 하는 데에 시각적 표현은 핵심적인 역할을 하기 때문이다. AI 기술의 발전은 이러한 시각적 놀이 경험의 품질을 획기적으로 향상시키고 있다. DLSS, 실시간 렌더링, 디지털 캐릭터 기술, 머티리얼 시스템 등은 모두 더 나은 시각적 경험을 제공하기 위한 도구들이다. 이러한 기술들은 게임의 그래픽 품질을 높이는 것뿐만 아니라 플레이어가 게임 속에서 더 풍부한 감정과 더 깊은 몰입감을 경험할 수 있게 해준다. 하지만 주목해야 할 점은 높은 완성도의 시각적 경험이 반드시 사실적인 표현만을 의미하지는 않는다는 것이다. 사진과 구별하기 어려울 정도로 현실적이고 정확한 이미지를 만들어내는 포토리얼리즘(Photorealism)을 추구하는 게임이 있는 반면, 독특한 예술적 스타일로 플레이어의 미적 호기심을 자극하는 게임들도 있다. AI 기술은 이러한 다양한 시각적 스타일을 구현하는 데에도 큰 도움을 준다. 앞으로 AI 기술은 더욱 다양한 예술적 표현을 가능하게 할 것이며, 사실적인 그래픽과 스타일라이즈드(Stylized: 의도적으로 변형하거나 꾸며낸 표현) 표현 사이의 경계를 자유롭게 넘나들며 각 게임만의 독특한 미학적 경험을 창조할 수 있게 될 것이다. 이를 통해 플레이어들은 더욱 풍부하고 다채로운 시각적 놀이 경험을 즐길 수 있을 것이다.

참고문헌

라모스, 브라이스 브렌라(2024). 『언리얼 엔진 5 셰이더와 이펙트 2/e』. 에이콘출판.

소훈 · 정현준(2024.11.21). LLM과 언리얼 엔진 기반의 감정 표현 NPC 시스템 구현. Proceedings of KIIT Conference, 제주.

에픽게임즈 메타휴먼 공식메뉴얼. MetaHuman Versioning Guide. https://dev.epicgames.com/documentation/en-us/metahuman/metahuman-versioning-guide

유니티엔진 공식 매뉴얼. High Definition Render Pipeline overview.

https://docs.unity3d.com/Packages/com.unity.render-pipelines.high-definition@17.2/manual/index.html

이랑구(2023). 3D 스캐너 모바일 앱을 활용한 메타휴먼 아바타 제작 기법 연구. ≪디지털콘텐츠학회논문지≫, 24(2), 379-384쪽. 10.9728/dcs.2023.24.2.379

Kurniawan, H. D.(2024). Lingkungan Virtual Imersif Menggunakan Adaptive Lumen Unreal Engine 5(Doctoral dissertation, Institut Teknologi Sepuluh Nopember).

Lefohn, A.(2023.5.2). Latest NVIDIA Graphics Research Advances Generative AI's Next Frontier. NVIDIA, https://blogs.nvidia.com/blog/graphics-research-advances-generative-ai-next-frontier/

McAllister, G.(2020.8.28). An exclusive look at the tech and multi-team collaboration that shaped Naughty Dog's latest adventure. PlayStation.Blog, https://blog.playstation.com/2020/08/28/the-story-behind-the-last-of-us-part-iis-staggeringly-realistic-in-game-character-facial-animation/

NVIDIA ADA SCIENCE. https://images.nvidia.com/aem-dam/Solutions/geforce/ada/ada-lovelace-architecture/nvidia-ada-gpu-science.pdf

Wright, D.(2022.5.22). Unreal Engine 5 goes all-in on dynamic global illumination with Lumen. EPIC GAMES, https://www.unrealengine.com/en-US/tech-blog/unreal-engine-5-goes-all-in-on-dynamic-global-illumination-with-lumen

05
정서 피드백과 놀이 AI

게임은 이제 플레이어의 마음을 읽으려고 한다. AI는 플레이어의 표정, 심장 박동, 게임 내 행동 패턴을 분석해 감정 상태를 실시간으로 파악하는 방법으로 플레이어의 개인적인 감정에 집중한다. 그리고 이에 맞춰 게임 경험을 더욱 친밀하게, 개인의 성향에 맞춰 운영한다. 이러한 감정적 교감은 게임 경험을 어떻게 변화시킬까?

AI와 아이돌?

AI의 감정 분석과 경험의 최적화

게임에서 플레이어의 감정을 인식하고 분석하는 기술은 크게 세 가지 방향으로 정리할 수 있다. 생체 신호 분석으로 심장 박동 수나 손바닥의 땀 분비 정도와 같은 신체의 자연스러운 반응을 측정하는 것, 행동 패턴 분석으로 게임 속에서 플레이어가 어떻게 행동하는지를 살펴보고 감정 상태를 파악하는 것, 외부에서 관찰 가능한 신호를 분석하는 것으로 얼굴 표정이나 목소리 톤, 앉은 자세 등을 통해 감정을 읽어 내는 것이다.

생체 신호 분석은 여러 가지 측정 방법이 활용되고 있는데 심장 박동 수를 통해서 플레이어의 긴장도와 스트레스 수준을 측정할 수 있으며, 피부 전도도(Skin Conductance: 피부의 전기 전도성을 측정해 감정적 각성 상태를 파악하는 지표)라고 불리는 손바닥의 땀 분비 정도를 통해 감정적 각성 상태를 파악할 수 있다. 또한 뇌파 측정을 통해 전반적인 집중도와 각성 상태를 확인할 수 있다. 게임사 밸브(Valve)는 2013년부터 바이오피드백(Biofeedback: 생체 신호를 측정해 실시간으로 피드백을 제공하는 기술) 기술 연구를 진행해 왔으며, 이는 〈레프트4 데드(Left 4 Dead)〉 시리즈의 게임 내 환경과 적의 행동을 플레이어 상태에 맞게 조절하는 인공지능 시스템인 AI 디렉터 시스템(AI Director) 개발에 영향을 미쳤다. 이는 플레이어의 상태를 분석해 게임의 난이도와 적의 출현을 조절한다. 1인칭 심리 공포 어드벤처 게임 〈네버마인드(Nevermind)〉 역시 바이오피드백 센서를 활용해 플레이어의 스트레스 수준을 실시간으로 측정하고, 이에 따라 게임 환경을 동적으로 변화시키는 시스템을 구현했다. 높은 스트레스 상태에서는 게임 환경이 더욱 기괴하게 변화하며 시각적 왜곡 효과가 강화된다. 이 게임은 플레이어의 스트레스 관리와 같은 실제 심리적 문제에 대한 치료 도구로서의 잠재력을 가지고 있다는 평가를 받는다.

행동 패턴 분석은 게임 내에서 플레이어의 행동을 관찰하고 분석해 감정 상태를 추론하는 방법이다. 1인칭 액션 어드벤처 게임인 〈디스아너드(Dishonored)〉 시리즈에서는 플레이어가 암살자의 역할을 맡아 미션을 수행하게 되는데, 이 과정에서 플레이어의 행동과 선택에 따라 게임 세계가 변화한다. 폭력적인 플레이 스타일을 선택하면 도시는 더 어둡고 혼란스러워지며, 회유적 접근을 선호하면 상대적으로 안정적이고 낮은 혼돈 상태를 유지하며 더 긍정적인 결과를 가져오게 된다. 또한 J.R.R 톨킨(John Ronald Reuel Tolkien)의 『반지의 제왕』 속 중간계

(Middle-earth)를 배경으로 한 액션 어드벤처 게임 〈미들어스: 섀도우 오브 워(Middle-earth: Shadow of War)〉는 오크(Orc) 부하들을 모집하고 관리하는 게임이다. 이 게임은 더욱 복잡하고 동적인 적 AI가 구현되었는데, 플레이어의 전투 패턴과 게임 내 선택을 분석해 각 오크 캐릭터의 성격과 행동을 발전시킨다. 특정 무기나 전술에 자주 당한 오크는 그에 대한 내성이나 대응책을 개발하며, 플레이어와의 과거 상호작용을 기억하고 이에 따라 다르게 반응하게 된다.

외부 관찰 가능한 신호 분석은 플레이어의 얼굴 표정, 음성 톤, 자세 등을 분석해 감정을 파악하는 방법이다. 웹기반 게임 〈파인드 더 봇!(Find the Bot!)〉은 웹캠을 통해 플레이어의 얼굴 표정을 인식하고 이를 플레이에 반영한다. 게임은 플레이어에게 특정 감정을 표현하도록 요청하고, 다른 플레이어들과 함께 이를 평가하는 과정을 통해 자연스럽게 감정 인식 능력을 향상시킨다.

이러한 기술들은 플레이어의 감정 상태에 따라 게임의 분위기, 진행 속도, 스토리 전개 방식까지 조정할 수 있게 한다. 예를 들어 플레이어가 특정 구간에서 지속적인 좌절감을 보이면, 시스템은 난이도를 미세하게 조절하거나 새로운 해결 방법을 제시할 수 있다. 반대로 게임이 너무 쉽다고 판단되면, 추가적인 도전 과제를 제시해 플레이어의 흥미를 유지할 수 있다. 게임에서는 플레이어의 역량과 성향에 맞는 환경을 제공하는 것이 플레이 지속과 밀접한 관련이 있다. 그러므로 플레이어의 감정 상태를 종합적으로 고려해 최적의 게임 경험을 제공하는 것은 게임 디자인의 변함없는 중요한 과제이다. 이러한 맥락에서 AI 기반의 감정 분석 기술은 게임과 플레이어 사이의 상호작용을 더욱 풍부하고 의미 있게 만드는 핵심 요소라고 할 수 있다.

확장된 데이터의 활용

생체 신호, 행동 패턴, 외부에서 관찰 가능한 신호를 수집해 분석하는 데이터는 게임플레이 외에도 다양한 분야에서 활용되고 있다. 가장 대표적인 활용 사례는 게임에서의 신원 확인 및 보안 분야다. 주요 게임 플랫폼들은 다중 인증 시스템을 도입하고 있다. 다중 인증이란 비밀번호 외에 추가적인 인증 단계를 더하는 것으로, 마치 은행 계좌 이체 시 비밀번호와 함께 공인인증서나 문자 인증이 필요한 것과 같은 방식이다. 스팀(Steam)은 스팀 가드(Steam Guard)라는 시스템을 통해 게임 계정 로그인 시 스마트폰 앱으로 추가 인증을 요구한다.

플레이어의 행동 패턴 분석은 게임 경험 개선에도 활용되는데 블리자드(Blizzard)의 멀티플레이어 1인칭 슈팅 게임 〈오버워치(Overwatch)〉는 플레이어의 게임플레이 데이터를 분석해 매칭 시스템을 개선하고, 게임 밸런스를 조정한다. 이러한 데이터는 새로운 콘텐츠 개발 방향을 결정하는 데에도 중요한 지표로 활용된다. 특히 연령 제한 및 게임 시간 관리에도 이러한 기술이 적용되고 있다. 한국의 게임 업계는 본인 인증 시스템을 통해 미성년자의 게임 이용을 관리하고 있으며, 이는 게임 중독 예방을 위한 정책적 수단으로도 활용되고 있다.

이러한 기술의 활용은 게임 산업의 다양한 측면에서 발전하고 있으나 동시에 개인정보 보호와 데이터 활용 사이의 균형을 맞추는 것이 중요한 과제로 대두되고 있다.

윤리적 문제

플레이어의 감정 데이터를 활용하는 AI 기술은 게임 경험을 향상시키고 새로운 가치를 창출할 수 있지만 동시에 개인정보 보호와 윤리적 이슈에 대한 우려도 제기된다. 여기서 감정 데이터란 플레이어의 생체 정보(심장 박동 수, 땀 분비량 등), 게임 내 행동 패턴, 얼굴 표정이나 음성 같은 외부적 표현을 모두 포함한다.

가장 큰 우려 사항은 개인정보 보호다. 게임 회사들은 이러한 데이터를 수집할 때 플레이어에게 명확히 알리고 동의를 받아야 한다. 게임을 처음 시작할 때 어떤 데이터가 수집되고, 그 데이터가 어떻게 사용되는지를 이해하기 쉽게 설명하고 동의를 구하는 과정이 필요하다. 또한 수집된 데이터는 암호화 등의 기술을 통해 안전하게 보관되어야 한다. 특히 미성년자의 데이터 보호는 더욱 엄격한 기준이 적용된다. 게임 업계는 미성년자의 게임 이용에 대해 부모의 동의를 받고 수집되는 데이터의 범위를 제한하는 등의 추가적인 보호 조치를 취하고 있다.

데이터의 편향성 문제도 중요한 고려 사항이다. AI 시스템이 특정 그룹의 데이터에만 편중되어 학습되면 다른 그룹에 대해서는 부정확하거나 불공정한 결과를 낼 수 있다. 만약 표정 인식 시스템이 특정 인종이나 연령대의 데이터로만 학습되었다면 다른 인종이나 연령대의 표정을 제대로 인식하지 못할 수 있다. 따라서 게임 회사들은 다양한 플레이어 그룹의 데이터를 균형 있게 수집하고 AI 시스템의 편향성을 지속적으로 모니터링하고 수정하는 노력을 기울여야 한다.

마지막으로 감정 데이터의 상업적 활용에 대한 우려가 있다. 플레이어의 감정 상태나 행동 패턴을 분석해 과도한 결제를 유도하거나 게임 중독을 부추기는 방식으로 활용되어서는 안 된다. 게임 회사들은 데이터 활용에 투명성을 유지하고 플레이어의 복지를 최우선으로 고려해야 한다. 이러한 윤리적 과제들을 해결하기 위해서는 게임 업계의 자발적인 노력과 함께 적절한 규제 체계가 필요하다. 여러 게임 회사들은 자체적인 윤리 가이드라인을 수립하고 있으며, 이는 플레이어의 권리를 보호하면서도 기술 혁신을 가능하게 하는 균형점을 찾아가는 과정이라고 할 수 있다.

참고문헌

김동균 외(2017). 생체 정보 기반 1인칭 슈팅 게임 플레이어 분석 시스템. ≪한국게임학회 논문지≫, 17(6), 29-38쪽. 10.7583/JKGS.2017.17.6.29

남기연 · 박정인(2024). 게임물 유통질서 보호와 사적 자치에 관한 연구 -「게임산업진흥법」 개정안을 중심으로 -. ≪스포츠엔터테인먼트와 법≫, 27(1), 19-41쪽.

변순용(2020). 데이터 윤리에서 인공지능 편향성 문제에 대한 연구. ≪윤리연구≫, 1(128), 143-158쪽.

Egger, M., et al.(2019). Emotion recognition from physiological signal analysis: A review. *Electronic Notes in Theoretical Computer Science*, 343, pp.35-55.

Lobel, A., et al.(2016.5). Designing and utilizing biofeedback games for emotion regulation: The case of nevermind. In Proceedings of the 2016 CHI Conference Extended Abstracts on Human Factors in Computing Systems, pp.1945–1951.

Yang, Y., et al.(2024.5). Find the Bot!: Gamifying Facial Emotion Recognition for Both Human Training and Machine Learning Data Collection. In Proceedings of the 2024 CHI Conference on Human Factors in Computing Systems, pp.1–20.

06
AI 아바타와 놀이 동반자

게임 속 AI 캐릭터들의 모습은 이제 정해진 대사만 반복하는 로봇 같은 존재가 아닌 우리와 함께 웃고, 고민하고, 성장하는 동반자로 거듭나고 있다. 이들은 우리의 행동과 감정을 이해하고, 각자의 성격으로 반응하며, 시간이 흐를수록 더 깊은 관계를 만들어 간다. 머지않아 우리는 게임 속에서 AI 캐릭터와 오랜 친구처럼 자연스러운 교감을 나누게 될지도 모른다.

AI와 야구?

AI 친구

우리가 만나는 게임 속 캐릭터들의 행동은 점점 더 사람과 비슷해지고 있다. 이들은 이제 모든 대상에게 똑같은 반응을 반복적으로 하기보다는 우리의 행동에 따라 다르게 반응하고, 각자의 개성을 드러낸다. 그리고 때로는 우리의 결정에 동의하지 않거나 예측하지 못한 의외의 반응을 보이기도 한다. 마치 실제 친구와 대화하는 것처럼 이들과의 관계는 우리의 태도와 행동에 따라 달라진다. 1899년 미국의 와일드 웨스트 시대를 배경으로 한 액션 어드벤처 게임 〈레드 데드 리뎀션 2(Red Dead Redemption 2)〉에 등장하는 말은 이러한 상호작용을 잘 보여주는 사례다. 이 게임에서 말은 하나의 독립적 개체로 구현되었는데, 이들은 플레이어의 관리 패턴을 학습한다. 규칙적인 먹이 공급, 빗질, 쓰다듬기 등의 긍정적 상호작용은 말의 충성도를 높이고, 이는 게임플레이에 직접적인 영향을 미친다. 충성도가 높은 말은 위험한 상황에서 적절한 대응을 하고, 험난한 지형에서도 안정적으로 달릴 수 있다. 반대로 방치하거나 가혹하게 대할 경우에는, 명령에 불복종하거나 위험한 상황에서 플레이어를 떨어뜨릴 수도 있다.

이러한 관계 시스템은 매개변수 조정만이 아닌 AI가

플레이어의 일관된 행동 패턴을 인식하고, 이에 맞춰 적응하는 복잡한 메커니즘을 기반으로 한다. 액션 어드벤처 게임 〈갓 오브 워: 라그나로크〉는 한층 더 발전된 동반자 캐릭터 AI 시스템을 선보였다. 개발사는 동반자 캐릭터가 플레이어의 확장된 일부처럼 느껴지게 하는 것을 중점적으로 구현했다. 동반자 캐릭터들은 게임 상황에 맞춰 적절한 행동을 취하며, 플레이어의 명령에 반응한 다양한 행동을 수행한다. 이 시스템의 핵심은 그들이 플레이어의 스타일에 맞춰 행동한다는 점이다. 플레이어가 공격적으로 전투에 임할 경우, 그들은 더 적극적으로 원거리 공격을 가하며 적의 주의를 분산시킨다. 반면 플레이어가 신중한 접근법을 선호한다면 더 방어적인 역할을 맡아 적절한 타이밍에 지원 스킬을 사용한다. 이러한 방식으로 동반자 캐릭터는 전투와 탐험 모두에서 게임플레이에 필수적인 역할을 한다. 또한 이 게임의 동반자 캐릭터들은 게임의 내러티브 진행과 플레이어의 선택에 감정적으로 반응하며, 표정, 목소리 톤, 자세 등 미세한 비언어적 표현으로 나타난다. 동반자 캐릭터는 플레이어 캐릭터의 결정에 대해 때로는 의문을 제기하고 때로는 지지하며 두 캐릭터 간의 입체적인 관계를 표현한다.

이처럼 게임 속 AI 캐릭터들은 점차 고유한 성격과 가치관을 가지고 플레이어와의 관계를 발전시켜 나가는 방향으로 발전하고 있다. 이러한 발전은 게임 경험을 더욱 풍부하고 몰입감 있게 만들며, 가상세계 속에서도 의미 있는 사회적 관계 형성이 가능함을 보여준다.

함께 성장하는 AI 캐릭터

게임에서는 AI 캐릭터들이 플레이어와의 상호작용을 통해 성장하고 발전하는 시스템이 구현되고 있는데, 이러한 성장은 행동 방식의 변화를 포함하는 다층적 발전 과정이다. 플래티넘 게임즈가 개발한 액션 롤플레잉 게임 〈니어: 오토마타(NieR: Automata)〉의 포드(Pod) 시스템은 이러한 과정을 잘 보여준다. 이 게임에서 포드는 주인공 안드로이드에게 배정된 작은 로봇형 지원 유닛이다. 전투 중 화력 지원을 제공하고, 중요한 정보를 전달하며, 주인공의 상시 동반자 역할을 한다. 포드는 처음에는 기계적인 지원 도구에 불과하지만 게임이 진행됨에 따라 새로운 전투 프로그램을 획득하고, 성능이 향상된다. 플레이어는 자신의 전투 스타일에 맞게 포드의 능력을 커스터마이징할 수 있으며, 이를 통해 전략적 깊이와 개인화된 게임 경험을 제공받는다.

〈디트로이트: 비컴 휴먼(Detroit: Become Human)〉은 AI의 자의식 발달 과정을 게임 메카닉으로 구현했다. 게임에서 코너(Connor)는 안드로이드 범죄 수사를 위해 파견된 첨단 안드로이드 수사관이다. 게임은 소프트웨어 불안정성 지표를 통해 코너의 잠재적 변화를 시각화한다. 플레이어가 코너를 통해 내리는 특정 결정들은 게임 인터페이스 우측 상단에 불안정성 증가 또는 감소로 표시된다. 인간에 공감하거나 감정적 판단을 내리는 선택은 주로 불안정성을 증가시키고, 임무 지향적이고 기계적인 판단은 불안정성을 감소시키거나 유지한다. 이 수치는 직접적으로 표시되지만 정확한 수치 값은 공개되지 않는다. 또한 불안정성 수준은 게임의 주요 분기점에서 코너가 선택할 수 있는 옵션에 영향을 미친다. 높은 불안정성을 가진 코너는 자신의 프로그래밍에 반하는 선택을 하고, 낮은 불안정성을 유지한 코너는 임무에 충실한 기계로 남게 된다. 이 시스템의 효과는 주로 스토리 진행과 대화 옵션을 통해 표현되며, 코너의 변화는 주요 스토리 분기점에서 그의 대사와 행동 선택을 통해 드러난다. 게임은 이를 통해 인공지능의 자의식 발달이라는 주제를 플레이어의 선택과 연결시키는 데 성공했다.

이러한 AI 성장 시스템은 플레이어에게 게임이라는

세계에서 예측하기 어려운 수행 과제를 헤쳐 나가는 동반자와 함께 성장하는 듯한 경험을 제공한다. 이는 게임의 몰입도를 높이는 동시에 상호 학습과 발전이라는 측면에서 AI와 인간 사이의 더 복잡하고 다층적인 관계 가능성을 보여준다.

AI와 협력 플레이

게임에서 AI 동반자는 상황을 판단하고 플레이어의 스타일을 고려해 이에 맞춘 행동을 취하는 지능형 파트너를 구현하고 있다. 2021년 카프콤이 출시한 〈몬스터 헌터 라이즈(Monster Hunter Rise)〉의 팔리코(Palico) 시스템은 전투 중심 협력 AI를 보여준다. 이 게임에서 팔리코는 고양이 형태의 동반자 캐릭터로 플레이어의 사냥을 지원하는데, 플레이어가 설정한 역할에 따라 다양한 임무를 수행한다. 플레이어는 팔리코에게 지원형, 공격형, 회복형 등 여러 유형의 역할을 부여할 수 있으며, 각 역할에 맞는 특수 능력과 장비를 설정할 수 있다. 회복형 팔리코는 플레이어의 체력이 일정 수준 이하로 떨어지면 자동으로 회복 기술을 사용하며, 공격형 팔리코는 적극적으로 몬스터를 공격해 피해를 입힌다. 이러한 역할 설정을 통해 플레이어는 자신의 플레이 스타일에 맞는 지원을 받을 수 있다.

〈파이널 판타지 14(Final Fantasy XIV)〉의 신뢰 시스템(Trust System) 역시 MMORPG에서의 AI 협력을 보여준다. 2019년 어둠의 연회 사자(Shadow bringers) 확장팩과 함께 도입된 이 시스템은 주요 스토리 NPC들이 플레이어와 함께 던전을 공략할 수 있게 하는데, 여기서 AI 동료는 각자의 역할에 맞는 행동을 취한다. 신뢰 시스템의 NPC들은 고정된 역할을 수행한다. 치유사 역할의 NPC들은 파티원의 체력을 관리하고, 탱커 역할의 NPC들은 몬스터의 주의를 끌어 파티를 보호한다. 이 시스템은 MMO 경험이 부족한 플레이어들에게 던전 공략법을 학습할 기회를 제공하고, 매칭 시간 없이 즉시 던전에 입장할 수 있는 편의성도 제공한다.

〈언차티드 4(Uncharted 4)〉의 AI 파트너 시스템도 주목할 만하다. 너티 독이 개발한 이 게임에서 주인공 네이선 드레이크의 동반자 캐릭터들은 전투와 탐험 과정에서 상황에 맞는 지원을 제공한다. 이들은 적의 위치를 알려주고, 때로는 적을 제압하며, 플레이어가 도달할 수 없는 장소에 접근해 새로운 경로를 개척한다. 특히 이 게임의 AI 동반자들은 상황 인식(Situational Awareness)시스템을 통해 플레이어의 현재 상태와 주변 환경을 고려한 행동을 취한다. 플레이어가 은밀하게 진행할 경우, 동료들도 조용히 움직이며, 총격전이 벌어지면 적극적으로 전투에 참여한다. 이러한 적응형 행동은 게임의 몰입감을 높이고, 동반자와의 자연스러운 협력 경험을 제공한다.

이러한 협력적 AI 시스템들은 플레이어에게 개인화된 게임 경험을 제공한다. 그들은 게임 상황에 맞는 자율적인 판단과 행동을 보여줌으로써 실제 다른 플레이어와의 협력에 가까운 경험을 만들어 낸다. AI와의 협력 게임플레이는 가상세계에서의 새로운 상호작용 방식을 제시하고 있다. 미래에는 자연어 처리 기술과 감정 인식 기술의 발전으로 음성 명령을 통한 더욱 자연스러운 소통이 가능해질 것이다. 또한 머신 러닝 기술의 발전은 AI 동반자 캐릭터가 플레이어의 장기적인 플레이 패턴을 학습해 더욱 개인화된 협력을 제공할 수 있게 할 것이다.

게임 개발자들은 이미 이러한 미래를 준비하고 있다. 언리얼 엔진 5의 메타휴먼 크리에이터(MetaHuman Creator)와 같은 도구는 현실적인 표정과 감정 표현이 가능한 디지털 캐릭터 제작을 간소화했다. 또한 여러 게임 스튜디오들은 자연스러운 대화와 감정적 교류가 가능한 NPC 기술 개발에 투자하고 있다. 이러한 기술적 진보는 게임 속 AI 동반자가 더욱 사실적이고 인간적인 존재로 진화할 수 있는 토대를 마련하고 있다. 궁극적으로 게임 속 AI 동반자 캐릭터의 발전은 인간과 AI의 협력 가능성을 탐구하는 중요한 실험장이 되고 있다. 이러한 가상세계에서의 경험은 실제 세계에서 AI와 인간이 어떻게 더 효과적으로 협력할 수 있을지에 대한 통찰을 제공하며, 미래 기술 발전의 방향을 제시하고 있다.

참고문헌

강선경 · 이민혜(2024). ChatGPT API를 이용한 지능형 NPC 연구. ≪한국정보통신학회논문지≫, 28(4), 405-411쪽. 10.6109/jkiice.2024.28.4.405

장세현 외(2024). LLM 기반의 NPC와의 상호작용 연구. ≪한국게임학회 논문지≫, 24(1), 99-110쪽.

정원조(2020). 사용자와의 협력 플레이를 위한 강화학습 인공지능 프로세스 구축. ≪한국게임학회 논문지≫, 20(1), 57-66쪽. 10.7583/JKGS.2020.20.1.57

Bennett, C., et al.(2022). Exploring data-driven components of socially intelligent AI through cooperative game paradigms. *Multimodal Technologies and Interaction*, 6(2), p.16.

Jurkovich, T.(2022.11.26). Every Companion In God of War Ragnarok, Ranked. *Game Rant*, https://gamerant.com/god-of-war-ragnarok-every-companion-ranked/

Velardo, V.(2019.3.23). The Reality of Red Dead Redemption 2's

AI(Part 1). *Medium*,
https://medium.com/the-sound-of-ai/the-reality-of-red-dead-redemption-2s-ai-part-1-c276e9da2763
Zhou, Z.(2022). When machines long for human warmth: Nier: Automata and the player-game relationship(Doctoral dissertation, University of British Columbia).

07
놀이 공간의 재창조와 AI

AI는 플레이어의 행동과 선호도를 분석해 게임 공간을 끊임없이 변화시키고, 플레이어에게 맞춤형 경험을 제공한다. 살아 있는 생명체처럼 숨 쉬고 반응하는 새로운 게임 공간은 더 깊은 몰입과 재미를 선사하게 되고, 이제 모든 플레이어는 개인화된 자신만의 독특한 모험을 경험하게 될 것이다.

AI와 운동주?

살아 있는 게임 세계

과거의 게임 세계는 개발자들에 의해 디자인된 고정된 공간이었지만, 지금은 AI가 실시간으로 만들어내는 역동적인 세계로 변화하고 있다. 전통적인 게임이 미리 내용이 정해진 책과 같았다면, AI가 만드는 새로운 게임 세계는 즉석에서 이야기를 만들어내는 스토리텔러와 같이 플레이어의 선택과 의지에 따라 계속 새로운 내용이 만들어지는 것이다. 이러한 변화를 잘 보여주는 게임 중 하나는 〈노 맨스 스카이(No Man's Sky)〉다. 이 게임에서 AI는 184경 개라는 상상하기 어려운 규모의 행성을 자동으로 생성한다. 이는 개발자들이 일일이 만드는 것이 불가능한 규모이지만, 무작위로 생성되는 것이 아니다. AI는 행성의 생성 과정에서 과학적 원리를 적용한다. 항성으로부터의 거리는 행성의 기후를 결정하고, 행성의 크기는 중력에 영향을 미치며, 이는 다시 그곳에 서식하는 생명체의 크기와 형태를 결정한다. 심지어 대기의 구성에 따라 하늘의 색깔이 달라지면서 각 행성만의 독특한 분위기가 만들어진다.

〈마인크래프트(Minecraft)〉 역시 AI 기반 세계 생성의 사례를 보여준다. 2011년 출시 이후 꾸준히 발전해온 이 게임은 절차적 생성(Procedural Generation: 알고리즘을 통해 콘텐츠를 자동으로 생성하는 방식) 시스템을 통해 매번 새로운 세계를 만들어 낸다. 특히 시드(Seed: 절차적 생성에서 특정 패턴의 세계를 만들어내는 초기 값) 시스템은 무작위성과 재현성을 동시에 확보한 획기적인 방식이다. 플레이어들은 특별한 시드 값을 공유함으로써 동일한 세계를 탐험할 수 있게 된다. 예를 들어 한 플레이어가 발견한 아름다운 풍경이나 희귀한 구조물이 있는 세계의 시드 값을 다른 플레이어와 공유하면 그들도 정확히 같은 세계를 경험할 수 있게 되는 것이다. AI는 이러한 세계 생성 과정에서 더욱 정교한 작업을 수행한다. 산맥은 실제 지질학적 원리를 반영해 자연스럽게 연결되고, 강은 고도차를 따라 흐르며, 생태계는 기후와 지형에 맞춰 형성된다. 흥미로운 점은 이 시스템이 플레이어의 활동 패턴을 학습한다는 것이다. 플레이어가 특정 종류의 환경이나 자원을 선호한다는 것을 파악하면, 그에 맞춰 다음에 생성될 지역의 특성을 조정한다. 이는 각 플레이어에게 맞춤화된 탐험 경험을 제공하는 동시에 게임 세계가 살아 있는 유기체처럼 플레이어와 상호작용을 할 수 있게 만든다.

이러한 AI 기술의 발전은 게임 세계를 더욱 생동감 있는 공간으로 변화시키고 있다. 이제 게임 속 세계는 정해

져 있는 배경이 아니라 플레이어와 상호작용하며 함께 이야기를 만들어 가는 살아 있는 환경으로서, 게임이라는 매체가 제공할 수 있는 경험의 깊이와 폭을 확장하고 있다.

AI가 디자인하는 맞춤형 환경

AI가 디자인하는 맞춤형 환경은 게임 속 공간을 더욱 역동적으로 만들고 있다. 액션 롤플레잉 게임 〈어쌔신 크리드: 발할라(Assassin's Creed: Valhalla)〉에서는 사용자의 플레이 스타일을 분석해 환경 요소들을 조정한다. 예를 들어 은밀한 암살을 선호하는 플레이어에게는 더 많은 은신 장소와 우회 경로가 제공되며, 정면 대결을 즐기는 플레이어에게는 더 넓은 전투 공간이 제시된다.

록스타 게임즈(Rockstar Games)에서 개발한 오픈 월드 액션 어드벤처 게임 〈레드 데드 리뎀션 2〉에서는 더욱 정교한 환경 반응 시스템을 보여준다. 게임의 기후 시스템은 실제 게임플레이에 영향을 미치는데, 폭풍우가 치면 지면이 진흙탕이 되어 이동 속도가 느려지고, 추운 날씨는 체력 소모에 영향을 준다. 이러한 환경 변화는 게임 내 다양한 요소들의 상호작용으로 자연스럽게 발생한다. 또한 유비소프트(Ubisoft)가 개발 및 배급한 오픈 월드 액션 어드벤처 게임〈워치독: 레기온〉의 런던은 도시 자체가 하나의 반응형 시스템으로 작동하는데, 게임의 AI 시스템은 플레이어의 행동에 따라 도시의 보안 수준과 NPC들의 경계 정도를 조절한다. 과격한 행동을 자주 하는 구역에서는 보안이 강화되고 순찰이 늘어나며, 은밀한 접근을 하는 구역에서는 감시 카메라가 늘어나는 식이다.

이러한 맞춤형 환경 시스템은 각 플레이어에게 개인화된 경험을 제공하면서도 게임 세계의 일관성과 균형을 유지하는 것을 목표로 한다. 이러한 시스템은 플레이어의 자유도를 보장하면서도 게임의 핵심 재미 요소가 훼손되지 않도록 하는 섬세한 설계가 요구된다.

게임의 완성도와 게임 공간

게임 세계는 자체적인 규칙과 패턴에 따라 끊임없이 변화하는 살아 있는 공간으로 발전하고 있다. 오픈 월드 레이싱 게임 〈포르자 호라이즌 5(Forza Horizon 5)〉는 더욱 역동적인 환경 시스템을 보여주는데, 게임의 배경인 멕시코는 계절에 따라 완전히 다른 모습으로 변한다. 봄의 따뜻한 날씨가 여름의 우기로 바뀌면서 도로는 젖고 미끄러워지며, 가을의 폭풍 시즌에는 강력한 열대성 폭풍이 몰아친다. 또한 겨울의 건기에는 먼지 폭풍이 시야를 가리고 도로를 뒤덮는다. 이러한 변화는 실제 게임플레이에 직접적인 영향을 미치는 요소로 작용해 플레이어들은 멀리서 다가오는 폭풍을 목격하고 그에 맞춰 레이싱 전략을 수정해야 한다. 흥미로운 것은 이러한 날씨 변화가 사막에서는 가벼운 비가 내리고, 정글에서는 폭우가 쏟아지는 식으로 지역마다 다르게 적용된다는 것이다.

이러한 게임 공간의 새로운 형태는 사용자의 플레이 데이터를 기반으로 더욱 발전하고 있다. 라이엇 게임즈(Riot Games)의 〈리그 오브 레전드(LoL, League of Legends)〉 맵은 수백만 플레이어의 플레이 데이터를 분석해 업데이트를 통해 지속적으로 개선된다. 플레이어들의 이동 패턴, 교전 지점, 승률 등의 데이터를 바탕으로 맵의 구조나 오브젝트가 조정되어 더 균형 잡힌 공간으로 발전한다. 맵 변경의 중요한 목표 중 하나는 레드사이드와 블루사이드 간의 형평성을 개선하는 것으로, 더욱 공정한 플레이를 할 수 있도록 한다.

다중 접속 롤플레잉 게임 〈길드 워 2(Guild Wars 2)〉의 리빙 월드(Living World: 플레이어의 행동과 시간에 따라 변화하는 게임 세계) 시스템은 서사적 요소를 통해 게임 세계의 변화를 보여준다. 주기적으로 새로운 스토리와 콘텐츠가 추가되며, 이에 따라 게임 세계의 특정 지역이 변화하거나 새로운 지역이 열린다. 이러한 변화는 대부분 영구적이어서 게임 세계의 역사로 남게 되고, 신규 플레이어들은 이전 플레이어들의 활동이 만들어 낸 변화된 세계에서 게임을 시작하게 된다.

이처럼 플레이어 집단의 데이터와 활동이 게임 공간의 발전 방향을 결정하는 중요한 요소가 되고 있다. AI 기술은 이러한 데이터를 효율적으로 사용할 수 있도록 하고, 게임 공간은 수많은 플레이어의 경험과 데이터를 바탕으로 계속 발전하며 시간이 지날수록 그 완성도를 높여간다.

심리적 공간으로의 확장

게임 개발에서 AI 기술의 활용이 증가하면서 플레이어의 심리적 경험을 고려한 공간 설계와 치료제로서의 기능적 측면의 가능성도 확장되고 있다. 또한 게임 디자이너들은 공간 설계를 통해 플레이어의 감정과 경험을 더욱 효과적으로 전달하는 방법을 모색하고 있다. 〈리틀 나이트메어 2(Little Nightmares II)〉는 공포 퍼즐 게임으로, 어두운 초현실적 세계에서 두 아이가 겪는 악몽 같은 여정을 그린다. 이 게임은 왜곡된 비율과 음산한 분위기를 통해 심리적 공포를 효과적으로 전달한다. 게임의 공간은 플레이어의 게임 진행에 따라 변화하며, 이는 게임플레이의 일부로 작용한다. 생존 게임 〈롱 다크(The Long Dark)〉는 1인칭 생존 게임으로, 캐나다 북부의 혹독한 겨울을 배경으로 한다. 플레이어는 비행기 추락 후 고립된 상황에서 기아, 갈증, 저체온증과 같은 현실적인 생존 요소들과 싸우며 살아남아야 한다. 게임은 피로도, 체력, 온도 등 다양한 생존 요소들을 통해 플레이어의 탐험 경험을 조절한다. 또한 〈씨 오브 솔리튜드(Sea of Solitude)〉는 어드벤처 게임으로 외로움과 우울증에 시달리는 주인공 케이의 정신적 여정을 그린다. 게임은 감정적 고통이 괴물로 실체화된, 물에 잠긴 도시를 배경으로 정신 건강 문제를 은유적으로 다룬다.

이러한 심리적 공간의 구현은 치료적 가능성도 보여주고 있다. 특히 EndeavorRx가 2020년 6월 미국 식품의약국(FDA)으로부터 ADHD 치료용 디지털 치료제로 승인을 받은 것은 주목할 만한 사례다. 이 게임에서 플레이어는 다양한 환경을 탐험하면서 목표물을 수집하고 장애물을 피하는 과제를 수행하는데, 이 과정에서 주의력과 집중력을 훈련하도록 설계되었다. 이는 게임 공간이 치료적 도구로서도 가치가 있음을 보여주는 중요한 이정표가 되었다. 게임 공간의 이러한 변화는 AI 기술을 통해 다양한 가능성을 현실화하고 있다. 플레이어의 심리적 경험을 인식하고, 이에 반응하는 지능적 공간은 게임이 제공할 수 있는 경험의 깊이와 의미를 확장하고 있다.

참고문헌

김영호(2024). 생성형 AI를 활용한 레벨 디자인 생성 연구. ≪방송공학회논문지≫, 29(5), 624-633쪽. 10.5909/JBE.2024.29.5.624

풍자항 · 조동민(2024). 오픈 월드 게임 환경에서 동적 날씨 시스템이 게임 이용자의 몰입감에 미치는 영향. ≪한국과학예술융합학회≫, 42(4), 709-720쪽. 10.17548/ksaf.2024.09.30.709

한국콘텐츠진흥원(2022). 디지털치료제로서 게임 활용 방안 연구. 한국콘텐츠진흥원, https://www.kocca.kr/shortUrl/XVBq

MINECRAFT WIKI. https://minecraft.wiki/w/Seed_(world_generation)

Morin, R.(2016.2.18). Inside the Artificial Universe That Creates Itself. *The Atlantic*, https://www.theatlantic.com/technology/archive/2016/02/artificial-universe-no-mans-sky/463308/

Ramdurai, B. & Adhithya, P.(2023). The impact, advancements and applications of generative AI. *International Journal of Computer Science and Engineering*, 10(6), pp.1-8.

08
다중 감각의 놀이 경험

게임은 이제 우리의 모든 감각을 사로잡는다. AI 기술은 시각, 청각, 촉각을 하나로 통합해 이전에 경험하지 못했던 새로운 형태의 놀이 경험을 만들어내고 있다. 머신 러닝 기술이 실시간으로 상황을 분석하고 적절한 감각 피드백을 생성하면서 게임은 더욱 자연스러운 다감각 경험으로 변모하고 있다.

AI와 한의학?

오감으로 느끼는 게임 세계

다중 감각 게임의 발전은 게임의 본질적 변화를 가져오고 있다. 시각과 청각에 국한되었던 게임 경험이 촉각, 평형감각 등으로 확장되면서 가상세계는 더욱 사실감 있고 몰입도 높은 공간으로 변화하고 있다. 이러한 측면에서 VR 액션 플랫포머 〈애스트로 봇: 레스큐 미션(Astro Bot: Rescue Mission)〉은 VR 게임의 새로운 방향을 제시했다. VR 게임은 사용자가 외부와 차단된 가상 환경에서 실제와 유사한 경험을 제공하는 게임으로, VR 디바이스를 통해 사용자가 가상세계와 상호작용할 수 있는 시스템이다. 〈애스트로봇〉은 PlayStation VR의 헤드셋과 듀얼쇼크 4 컨트롤러를 활용해 플레이어의 시점 이동과 컨트롤러의 진동 피드백을 통해 입체적인 게임 경험을 제공한다. 플레이어의 모든 감각이 게임과 동기화되는 순간, 게임 세계는 실제처럼 느껴진다. 머리 위로 날아가는 로봇을 따라 자연스럽게 고개를 들게 되고, 진동을 통해 발걸음 하나하나를 생생하게 느낄 수 있다. 유럽의 게임 매체 ≪유로게이머(Eurogamer)≫는 리뷰에서 "진정 마법 같은 게임"이라고 설명했다.

콘텐츠를 창작하는 과정도 기술의 발전으로 인해 더욱 사실감 있고 직관적인 경험을 가질 수 있게 되었는

데, 소니 인터랙티브 엔터테인먼트(Sony Interactive Entertainment)가 개발한 〈드림스(Dreams)〉는 사용자가 자신만의 게임, 음악, 애니메이션, 아트를 만들고 공유할 수 있는 창작 플랫폼이자 게임이다. 이 게임은 감각적 경험을 한 단계 더 발전시켰는데, 플레이스테이션의 햅틱 피드백 기술을 활용해 다양한 질감을 구현한다. 〈드림스〉의 창작 도구는 플레이스테이션의 듀얼센스 컨트롤러(DualSense controller)를 활용해 3D 모델링, 음악 제작, 게임 로직 구현 등 다양한 창작 활동을 직관적으로 수행할 수 있다.

감각적 피드백

감각적 피드백(Sensory Feedback)이란 게임이 플레이어에게 전달하는 모든 종류의 감각 자극을 의미한다. 예를 들어 컨트롤러가 진동하는 것, 헤드셋을 통해 소리의 방향을 느끼는 것, VR 기기를 통해 공간감을 경험하는 것 모두가 감각적 피드백이다. 초기 게임에서는 화면 표시나 효과음 정도였던 피드백이 현재 게임에서는 다양한 감각을 복합적으로 자극하는 정교한 시스템으로 발전했다.

플레이스테이션5의 듀얼센스 컨트롤러는 고급 햅틱

피드백 시스템을 탑재했다. 이 시스템은 게임 상황에 따라 적절한 강도와 패턴의 촉각 피드백을 생성한다. 레이싱 게임 〈그란 투리스모 7(Gran Turismo 7)〉은 물리 기반 시뮬레이션을 통해 차량의 촉각적 피드백을 한 단계 발전시켰다. 차량의 속도, 노면 상태, 타이어의 그립 등 수십 가지 변수를 분석해 컨트롤러를 통해 실제 운전과 유사한 촉각 피드백을 생성한다. 개발사인 폴리포니 디지털(Polyphony Digital)은 자동차 제조사들과 협력해 실제 차량의 물리적 특성을 정확하게 구현했다.

음향 기술 분야에서도 발전이 두드러진다. Sony의 3D 오디오 기술(Tempest 3D AudioTech)은 헤드폰을 통해 입체적인 사운드를 구현한다. 이 기술은 게임 내 모든 음원의 위치와 특성을 분석해 실시간으로 입체 음향을 생성한다. 최근에는 햅틱 수트와 같은 전신 피드백 장치도 개발되고 있다. 비햅틱스(bHaptics)의 택트수트(TactSuit)는 게임 내 충격이나 환경 변화를 전신으로 느낄 수 있게 해주며, VR 게임과 결합했을 때 뛰어난 몰입감을 제공한다.

또한 안구 추적 기술을 활용한 피드백 시스템도 등장하고 있다. 토비 아이 트래커(Tobii Eye Tracker)는 플레이어의 시선을 감지해 게임 내 인터페이스와 상호작용을 하거나 캐릭터의 시선 방향을 제어할 수 있게 해준다. 이는 특히 시뮬레이션 게임이나 FPS 장르에서 효과적으로 활용된다. 이처럼 게임의 감각적 피드백 기술은 계속해서 발전하며 플레이어에게 더욱 실감 나고 몰입감 있는 경험을 제공하기 위한 노력이 이어지고 있다.

VR/AR에서의 다중 감각 통합

VR과 AR 기술은 여러 첨단 기술과 함께 발전하면서 더 실감 나는 경험을 만들어내고 있다. 여기에 AI 기술이 중요한 역할을 하면서 게임 경험을 한층 더 풍부하게 만들고 있다. VR 기기 메타 퀘스트 프로(Meta Quest Pro)는 향상된 컴퓨터 비전 기술로 주변 환경을 실시간으로 인식하고 분석한다. 이 기술은 방의 크기나 물체의 위치를 파악해 가상 물체가 실제 공간과 자연스럽게 어울리도록 돕는다. 메타(Meta: 구 페이스북)는 이런 기술에 AI를 접목해 더 정확한 공간 인식을 실현하고 있다.

〈포켓몬 고(Pokemon GO)〉로 유명한 나이앤틱(Niantic)은 2021년 라이트십(Lightship)이라는 AR 개발 플랫폼을 공개했다. 이 플랫폼은 스마트폰 카메라로 실제 세계의 건물이나 공원 같은 장소를 인식하고, 거기에 가상 캐릭터나 물체를 자연스럽게 배치할 수 있게 해준다. 나이앤틱의 CEO 존 행키(John Hanke)는 이 기술을 "물리적 세계와 가상세계의 융합"이라고 표현했다.

앞으로 AI 기술은 VR/AR 게임을 더 개인화된 경험으로 발전시킬 것이다. 게임이 플레이어의 실력에 맞춰 자동으로 난이도를 조절하거나, AI가 무한히 다양한 게임 환경과 스토리를 만들어내는 것이 가능해질 것이다. 또한 VR 헤드셋이 플레이어의 감정 상태를 파악해 그에 맞는 게임 경험을 제공하거나, 컨트롤러의 진동이 더 실감나게 느껴지도록 하는 기술도 발전하고 있다. 유니티(Unity)와 언리얼(Unreal) 엔진 같은 게임 개발 도구들도 AI 기능을 계속 추가하고 있어 개발자들이 더 쉽게 지능적인 VR/AR 게임을 만들 수 있게 되었다.

신경과학과 AI의 만남

신경과학(Neuroscience)은 뇌와 신경계의 구조 및 기능을 연구하는 학문이다. 우리가 무언가를 보고, 듣고, 느끼고, 생각할 때 뇌에서 일어나는 활동을 연구하고, 이를 통해 인간의 인지와 행동을 이해하려는 학문이다. AI 기술은 이러한 신경과학 연구에서 얻어진 뇌 활동 데이터를 실시간으로 분석하고 해석하는 데 도움을 주고 있다. 특히 머신 러닝 기술은 복잡한 뇌 신호 패턴을 인식하고,

이를 의미 있는 정보로 변환하는 중요한 역할을 한다. 이러한 신경과학 기술과 AI의 결합은 게임에서 새로운 형태의 상호작용을 가능하게 하고 있다. 특히 머신 러닝 기술은 뇌의 신호를 직접 분석해 컴퓨터와 상호작용 하는 뇌-컴퓨터 인터페이스(BCI) 분야에서 중요한 역할을 하고 있다. AI는 뇌파 데이터를 실시간으로 분석해 사용자의 의도를 더 정확하게 해석하고, 이를 게임 내 동작으로 변환한다.

인데버알엑스(EndeavorRx)는 아킬리 인터랙티브(Akili Interactive)가 개발한 디지털 치료제 게임이다. 태블릿이나 스마트폰에서 실행되는 이 게임은 우주를 탐험하는 캐릭터를 조종하며 다양한 목표를 달성하는 방식으로 진행된다. 특히 8~12세 ADHD 아동의 주의력 향상을 목적으로 설계되었으며, 2020년 6월 FDA로부터 처방 약물의 보조로 사용할 수 있는 디지털 치료제로 승인받았다. 인데버알엑스는 플레이어의 행동 패턴과 주의력 수준을 분석한다. AI는 이 데이터를 바탕으로 각 사용자에게 최적화된 난이도와 과제를 제공하며, 이는 ADHD 치료 효과를 높이는 데 기여한다.

VR 기반 재활 치료 분야에서도 AI의 활용이 확대되고 있다. 뇌졸중 재활 치료를 위한 VR 시스템들은 딥 러닝 모델을 활용해 환자의 동작을 분석하고, 개인화된 운동 프로그램을 생성한다. AI는 환자의 진전 상황을 지속적으로 모니터링하며, 재활 운동의 난이도와 강도를 자동으로 조절한다. 업계 선두 기업들도 이 분야에 주목하고 있다. 메타가 개발 중인 근육 활동을 전기적 신호로 측정하는 근전도(MEG) 손목 밴드는 손목의 신경 신호를 감지하는 착용 기기다. 이 기술은 사용자가 손가락을 실제로 움직이기 전에 뇌에서 손으로 전달되는 신경 신호를 읽어내어 의도된 동작을 미리 파악하고, 이를 디지털 입력으로 변환한다. 메타는 2024년 9월 25일 개최된 연례 개발자 콘퍼런스 '커넥트 2024'에서 EMG 손목 밴드의 최신 버전을 공개했다.

감각 경험의 가능성과 윤리적 고려

AI 기술은 이렇게 게임의 다중 감각 경험을 계속해서 발전시킬 것으로 예상된다. 특히 개인화된 감각 피드백 생성과 더 자연스러운 뇌-컴퓨터 인터페이스, 그리고 향상된 환경 인식 등이 주목받는 발전 방향이다. 현재 개발 중인 기술들은 AI를 통해 더욱 정교한 촉각 피드백을 구현하고, 사용자의 상태에 실시간으로 반응하는 적응형 시스템을 목표로 하고 있다. 이러한 발전은 게임을 더욱 몰입감 있는 경험으로 만들 것이며, 동시에 교육, 의료, 재활 등 다양한 분야에서의 활용 가능성도 넓힐 것이다.

AI 기반 다중 감각 기술의 안전성도 중요한 고려 사항이다. 특히 촉각 피드백의 강도나 VR 환경에서의 감각 자극이 사용자에게 미치는 영향에 관한 연구가 진행되고 있다. 게임 기업들은 AI를 활용해 사용자의 상태를 모니터링하고, 과도한 자극이나 피로도를 방지하는 시스템을 개발하고 있다.

이러한 기술 발전이 의미 있는 진보가 되기 위해서는 안전성, 접근성, 윤리적 고려가 함께 이루어져야 한다. 특히 AI가 수집하고 분석하는 사용자의 생체 데이터 보호가 핵심 과제로 대두되고 있다. 뇌파, 시선 추적, 근육 신호 등 민감한 생체 정보의 수집과 활용에 대한 명확한 기준이 필요하다.

참고문헌

이여름(2023). 대규모 언어 모델(LLM)을 위한 AI 윤리 연구 : ChatGPT를 중심으로. 석사학위논문. 고려대학교, https://www-riss-kr.libproxy.skhu.ac.kr/link?id=T16827812

이주환(2020). 다중감각적 상호작용을 통한 사용자 인터페이스의 몰입과 공간 확장성. ≪디지털콘텐츠학회논문지≫, 21(5),

987-996쪽. 10.9728/dcs.2020.21.5.987
이지현(2019). VR/AR 기반의 의료. 보건 산업 발전 동향. ≪국제사회보장리뷰≫, 11, 121-126쪽.
Donlan, C.(2018.8.3). Astro Bot Rescue Mission review - genuinely magical. *Eurogamer*, https://www.eurogamer.net/astro-bot-rescue-mission-review-genuinely-magical
Meta(2024.9.26). A Look at Our Surface EMG Research Focused on Equity and Accessibility. https://www.meta.com/ko-kr/blog/surface-emg-wristband-electromyography-human-computer-interaction-hci/
Niantic. https://nianticlabs.com/news/lightshiplaunch?hl=ko

09
가상세계와 확장과 놀이

우리는 언제나 현실을 넘어선 새로운 세계를 꿈꿔 왔다. 이제 AI는 그 꿈을 실현하는 강력한 도구가 되었다. 메타버스와 확장 현실 속에서 우리는 새로운 자아를 만들고, 전에 없던 관계를 맺으며, 상상 속에서만 가능했던 모험을 경험한다. 가상과 현실의 경계가 흐려지는 이 새로운 놀이터에서 AI는 우리의 상상력을 현실로 만드는 마법사가 되어 가고 있다.

AI와 화장품?

메타버스와 새로운 놀이터

메타버스(Metaverse)는 '초월'과 '세계'의 합성어(Meta+Universe)로, 현실 세계를 초월한 3차원의 가상 세계를 의미한다. 게임이나 단순한 가상현실과 달리 메타버스는 사람들이 아바타를 통해 사회, 경제, 문화적 활동을 영위할 수 있는 하나의 완전한 세계다. 현실에서 하는 것처럼 친구를 만나고, 쇼핑하고, 콘서트를 보며, 수업을 듣고, 회의를 하는 등 다양한 활동이 가능하다. 특히 AI 기술의 발전은 이러한 메타버스 경험을 더욱 풍부하고 자연스럽게 만들고 있다.

에픽게임즈가 개발한 〈포트나이트(Fortnite)〉는 2017년 출시된 배틀 로얄 게임(Battle Royale: 여러 플레이어가 마지막 1인이 남을 때까지 경쟁하는 게임 방식)에서 시작해 현재는 게임, 소셜, 엔터테인먼트가 결합된 거대한 메타버스 플랫폼으로 발전했다. 이 플랫폼에서는 매일 수천만 명의 사람들이 모여 게임을 하고, 콘서트를 보고, 영화를 감상한다. 2020년 트래비스 스콧(Travis Scott)의 가상 콘서트에는 2,750만 명이 참여했으며, 2021년 아리아나 그란데(Ariana Grande)의 공연은 가상공간에서 새로운 공연 예술의 가능성을 보여줬다. 에픽게임즈는 사용자의 네트워크 상태를 분석해 최적화된 경험을 제공한다. 서버 부하를 예측하고 분산하며, 사용자들의 행동 패턴을 바탕으로 네트워크 자원을 효율적으로 할당한다.

또한 〈로블록스(Roblox)〉는 AI 기술을 적극적으로 도입한 사용자 제작 플랫폼으로 성장했다. 매달 2억 명 이상의 활성 사용자들이 수백만 개의 다양한 게임과 경험을 공유하고 있다. AI는 사용자가 만든 콘텐츠의 품질을 자동으로 검수하고, 부적절한 콘텐츠를 필터링하며, 사용자의 관심사와 행동 패턴을 분석해 맞춤형 콘텐츠를 추천한다. 특히 10대 크리에이터들은 AI 지원 도구를 활용해 게임뿐만 아니라 교육, 사회 활동, 문화 행사 등 다양한 목적의 가상공간을 만들어내고 있다.

이러한 새로운 놀이터는 AI 기술을 통해 높은 접근성과 포용성을 실현하고 있다. AI는 사용자의 언어, 문화, 행동 특성을 이해하고 이에 맞춘 경험을 제공하며, 장애가 있는 사용자들을 위한 대체 인터페이스도 지원한다. 물리적 제약이나 지리적 한계를 넘어 누구나 참여할 수 있으며, 각자의 관심사와 취향에 맞는 공간을 찾거나 직접 만들 수 있다. 이는 놀이의 개념을 확장하고, 새로운 형태의 사회적 교류를 가능하게 하고 있다.

창작과 공유의 새로운 패러다임

가상세계에서의 창작은 전통적인 방식과는 크게 다르다. 현실에서는 전문적인 기술과 도구가 필요한 작업이 가상공간에서는 직관적인 도구와 AI 기술의 도움으로 더욱 쉽게 가능해졌다. 마치 블록을 조립하듯 3D 공간을 만들고, 간단한 조작으로 게임을 제작하며, 손쉽게 가상의 예술 작품을 만들 수 있게 된 것이다. 이러한 변화는 창작자와 소비자의 경계를 허물고 있다. 누구나 자신의 아이디어를 구현하고, 다른 사람들과 공유할 수 있게 되었으며, AI 기술은 이러한 창작 과정을 더욱 쉽고 효율적으로 만들어 주고 있다. 〈로블록스(Roblox)〉에서는 로블록스 스튜디오라는 개발 도구를 통해 초보자도 게임을 만들 수 있으며, 2023년 기준으로 매달 6천만 개 이상의 새로운 콘텐츠가 이 플랫폼에서 만들어지고 있다. 로블록스는 머신 러닝 기술을 활용해 콘텐츠를 자동으로 분류하고, 사용자에게 맞춤형 추천을 제공한다. 〈드림즈(Dreams)〉에서는 컨트롤러를 활용해 3D 모델링, 음악 제작, 게임 로직 구현 등 다양한 창작 활동을 직관적으로 수행할 수 있다. 사용자의 움직임을 인식해 더 정확한 창작 도구 조작을 가능하게 한다. 메타의 〈호라이즌 월드(Horizon Worlds)〉는 VR 기반의 소셜 창작 플랫폼으로, 사용자들은 3D 공간에서 기본 도형과 도구들을 조합해 자신만의 가상공간을 만들 수 있다. 플랫폼은 사용자가 만든 콘텐츠의 안전성을 검수하고 부적절한 내용을 필터링한다.

창작물의 공유와 거래 방식도 크게 변화하고 있는데, 〈디센트럴랜드(Decentraland)〉와 〈더 샌드박스(The Sandbox)〉는 분산 데이터베이스를 사용해 거래 기록을 안전하게 저장하는 기술인 블록체인 기술이 적용된 가상세계 플랫폼이다. 이들 플랫폼에서는 사용자가 만든 디지털 콘텐츠의 소유권을 명확히 증명하고 거래할 수 있다. 이러한 플랫폼들의 발전은 창작과 공유의 방식을 근본적으로 변화시키고 있으며, 앞으로 AI 기술은 창작의 진입 장벽을 낮추고, 더 많은 사람들이 자신의 아이디어를 실현할 수 있도록 도울 수 있다.

가상과 현실의 경계

AI 기술의 발전으로 가상공간은 실제와 같은 사회적 교류가 이루어지는 새로운 형태의 커뮤니티 공간으로 발전하고 있다. AI 기술은 가상공간에서의 대화와 상호작용을 더욱 자연스럽게 만들어 주며, 이제 사람들은 물리적 제약 없이 가상공간에서 함께 일하고, 공부하고 놀이하며 새로운 형태의 사회적 관계를 맺어 가고 있다. 〈엔비디아 옴니버스(NVIDIA Omniverse)〉는 AI 기술이 접목된 대표적인 가상 협업 플랫폼이다. 이 플랫폼은 엔비디아의 AI 기술인 오디오투페이스(Audio2Face)를 활용해 음성만으로 가상 캐릭터의 자연스러운 얼굴 표정과 입 모양을 생성한다. 또한 갠버스3D(GANverse3D) 기술을 통해 2D 이미지를 3D 모델로 자동 변환해 가상공간의 콘텐츠 제작을 용이하게 했다. 이러한 AI 기술들은 건축, 제품 디자인, 영화 제작 등 다양한 산업 분야에서 협업 방식을 혁신하고 있다.

〈레플리카(Replika)〉는 AI 챗봇 기술을 활용한 가상 친구 플랫폼으로 GPT 기반의 대화 모델을 사용해 사용자와 자연스러운 대화가 가능한 AI 페르소나를 제공한다. 이 AI 친구는 사용자와의 대화를 통해 학습하고 발전하며, 점점 더 개인화된 상호작용을 만든다. 많은 사용자가 이 플랫폼을 정서적 지원, 대화 연습, 자기 성찰의 도구로 활용하고 있으며, AI와의 사회적 관계 형성이라는 새로운 현상을 보여주고 있다. 〈마이크로소프트 메시(Microsoft Mesh)〉는 혼합 현실 플랫폼으로, 애저(Azure) AI 기술을 활용해 다양한 기기에서 공유된 가상 경험을 가능하게 한다. 이 플랫폼에서는 AI 기반 아바타

생성 기술을 통해 사용자의 얼굴과 몸짓을 인식해 가상 아바타에 자연스럽게 반영한다. 메시의 홀로포테이션(Holoportation) 기술은 영화 〈스타워즈〉에서 레아 공주가 R2-D2를 통해 홀로그램 메시지를 전달하는 것과 같이 3D 캡처 기술과 AI를 결합해 사용자를 3D 홀로그램으로 변환하고, 이를 통해 다른 사용자와 실제처럼 상호 작용할 수 있게 한다.

AI 기반 언어 번역 서비스 역시 국제적인 가상공간에서의 소통을 원활하게 만들고 있다. 구글(Google)의 실시간 번역 기술은 일부 가상 플랫폼에 통합되어 다양한 언어를 사용하는 사용자들이 언어 장벽 없이 소통할 수 있게 한다. 마이크로소프트 팀즈(Microsoft Teams)와 같은 협업 플랫폼에서도 AI 기반 실시간 번역과 자막 기능이 가상 회의에서 국제적 협업을 촉진하고 있다.

이처럼 AI 기술이 접목된 가상공간은 놀이, 교육, 업무, 문화 활동이 이루어지는 새로운 사회적 플랫폼으로 발전하고 있다. 물리적 거리의 제약이 사라지면서 전 세계 사람들과의 실시간 상호작용이 가능해졌고, AI의 지원으로 이러한 상호작용은 더욱 자연스럽고 효율적으로 변화하고 있다.

가상세계의 사회와 경제

가상세계는 새로운 형태의 경제 활동이 이루어지는 공간으로 발전하고 있다. 사람들은 가상공간에서 디지털 상품을 사고팔며, 창작물을 거래하고, 새로운 직업을 가지기 시작했다. AI 기술은 이러한 가상 경제 활동을 더욱 안전하고 효율적으로 만들어 주는 한편, 개인화된 경제 활동을 가능하게 해준다. 〈로블록스(Roblox)〉의 사용자들은 자신이 만든 게임이나 아이템을 통해 플랫폼의 가상 화폐인 로벅스(Robux)를 얻을 수 있으며, 이는 실제 화폐로 환전이 가능하다. 로블록스의 공식 발표에 따르면 2022년 플랫폼의 개발자와 창작자들이 획득한 수익은 5억 3천만 달러를 기록했다. 또한 가상 경제의 성장은 새로운 직업을 만들어내고 있는데, 로블록스는 2022년 기준으로 플랫폼 내에서 월 1,000달러 이상의 수익을 올리는 사용자가 2,800명을 넘어섰다. 디지털 아티스트, 가상공간 디자이너 등 메타버스 관련 직종도 늘어나고 있다. 주요 글로벌 브랜드들도 가상 경제에 참여하고 있는데, 나이키는 2021년 RTFKT 스튜디오를 인수해 디지털 패션 사업에 진출해 닷스워시(Dotswoosh)라는 디지털 패션 플랫폼을 운영하고 있다. 구찌 역시 로블록스에서 공식 디지털 패션 아이템을 판매하며, 이는 실제 상품 못지않은 인기를 얻고 있다.

하지만 이러한 가상 경제의 성장은 새로운 과제도 제기하고 있다. 디지털 자산의 가치 변동성과 거래의 안전성, 개인정보 보호 등이 주요 과제로 떠오르고 있다. 주요 메타버스 플랫폼들은 이용자 보호를 위한 거래 모니터링 시스템을 강화하고 있으며, 연령대별 맞춤형 보안 정책을 시행하고 있다. 또한 가상세계의 안전한 경제 활동을 위한 제도적 장치도 마련되고 있다. 로블록스는 디지털 상품 거래의 투명성을 위해 거래 내역을 추적하고 기록하는 시스템을 운영하고 있으며, 미성년자 보호를 위한 지출 한도 설정 등 안전장치를 마련하고 있다. 가상세계의 경제는 아직 초기 단계에 있지만, AI 기술의 발전과 함께 더욱 안전하고 효율적인 형태로 발전하고 있다. 앞으로 실제 경제와 가상 경제의 경계가 점차 흐려지면서 새로운 형태의 경제 생태계가 만들어질 것이다.

참고문헌

박은지(2023). 음악 콘텐츠를 활용한 메타버스 공연 사례의 현황. ≪디지털콘텐츠학회논문지≫, 24(10), 2547-2558쪽. 10.9728/dcs.2023.24.10.2547

서희원(2022.4.19). 우주에서 원격 의료?…우주정거장 찾은 '홀로그램' 외과의. ≪전자신문≫,

https://www.etnews.com/20220419000259
이영욱(2024.11.16). 엔터 시장 겨누는 엔비디아 … 오디오 AI 공개. ≪매일경제≫, https://www.mk.co.kr/news/it/11178664
임대준(2023.2.21). 로블록스, 메타버스에 '생성 AI' 도입... 저커버그도 개발 중. ≪AI 타임스≫, https://www.aitimes.com/news/articleView.html?idxno=149593
전준현(2024). 메타버스 환경 구축을 위한 햅틱 디바이스와 인공지능 기술의 역할: 기술적 발전과 응용 가능성. ≪영상문화≫, (44), 149-175쪽.
최진 외(2023). 스크린리더(Screen Reader) 사용자 관점에서의 메타버스 플랫폼 접근성 실태 분석. ≪디지털콘텐츠학회논문지≫, 24(3), 473-488쪽. 10.9728/dcs.2023.24.3.473
최형욱(2021). 『메타버스가 만드는 가상경제 시대가 온다』. 한스미디어, 131-144, 347-377쪽.
Hardy, W., et al(2022). Roblox and the market for virtual experiences. DELab Working Paper 3/2022, Warsaw.

10
놀이와 AI의 미래

AI와 게임의 결합은 우리 사회와 문화 전반에 혁신적 변화를 예고하고 있다. 게임은 여가와 오락적 역할뿐만 아니라 교육과 치료, 예술 창작과 사회적 소통의 새로운 플랫폼이 되어 가고 있다. 우리는 지금 흥미로운 가능성의 문턱에서 AI가 이끄는 놀이 문화의 혁신을 어떻게 재정의할 것인지 고민할 필요가 있다.

종교와 AI?

놀이의 가치 확장

인류의 역사에서 놀이는 항상 시대의 변화를 반영해 왔다. 그러한 맥락에서 현재의 AI 기술은 놀이의 개념을 새롭게 정의하고 있다. AI는 우리의 행동과 취향을 이해하고 이에 반응하면서 더욱 개인화되고 있으며, 상상력을 현실로 구현할 수 있는 새로운 차원으로 변화하고 있다. 엔비디아의 〈옴니버스(Omniverse)〉는 실시간 3D 디자인 협업 및 가상 시뮬레이션 플랫폼이다. 이 플랫폼은 물리 기반 시뮬레이션을 통해 실제와 같은 가상 환경을 구현하며, 여러 사용자가 동시에 접속해 실시간으로 상호작용할 수 있다. 엔비디아는 이 플랫폼을 통해 산업용 디지털 트윈(Digital Twin: 물리적 객체나 시스템을 가상으로 복제한 디지털 모델)에서부터 창의적인 협업 프로젝트에 이르기까지 다양한 활용 사례를 만들고 있다. 특히 AI 기술을 활용한 새로운 놀이 시스템들은 접근성과 포용성을 높이는 데 성과를 보이고 있다.

가상현실과 AI의 결합은 신체적 제약이나 지리적 한계를 극복하는 새로운 놀이 경험을 가능하게 한다. 이를 통해 더 많은 사람들이 자신만의 방식으로 놀이에 참여하고 즐길 수 있게 되었다. 이러한 AI 기반 놀이의 혁신은 놀이의 본질적 가치를 확장하면서 상상력의 실현, 자유로운 실험, 포용적 참여가 가능한 새로운 놀이 문화를 형성하고 있다.

놀이를 통한 배움

전통적인 교육에서 놀이는 종종 학습의 방해 요소로 여겨졌지만, AI와 게임의 결합은 이러한 인식을 바꾸고 있다. AI는 학습자의 특성과 진도를 분석해 개인화된 학습 경험을 제공하고, 게임의 재미 요소를 통해 학습 동기를 높인다. 이러한 변화는 놀이와 학습의 경계를 허물며, 더 효과적이고 즐거운 교육 방식을 만들어내고 있다. 〈마인크래프트: 에듀케이션 에디션(Minecraft: Education Edition)〉은 교육용으로 특별히 설계된 버전으로, 전 세계 많은 학교에서 활용되고 있다. 마이크로소프트의 공식 발표에 따르면, 이 플랫폼은 115개국 이상에서 사용되고 있으며, 학생들이 수학, 과학, 역사 등 다양한 과목을 학습하는 데 도움을 주고 있다. 또한 〈듀오링고(Duolingo)〉는 AI 기반 언어 학습 플랫폼으로, 게임화된 학습 방식을 통해 사용자들의 참여를 유도한다. 듀오링고는 사용자의 학습 패턴을 분석해 맞춤형 학습 콘텐츠를 제공한다.

또한 교육 분야에서는 유니버설 디자인 포 러닝(Universal Design for Learning: 다양한 학습자 특성을 고려한 포용적 교육 설계) 원칙을 적용한 교육 방식이 주목받고 있다. 이 접근법은 다양한 학습 스타일을 가진 학생들에게 맞춤형 교육 경험을 제공하는 것을 목표로 하며, 게임 기반 학습은 이러한 다양성을 수용하는 효과적인 방법의 하나로 평가받고 있다.

게임 기반 학습의 효과에 관한 연구들은 학습 동기 부여와 참여도 향상에 긍정적인 결과를 보여주고 있는데, 특히 게임의 즉각적인 피드백과 단계적 도전 과제, 성취감 제공 등의 요소가 학습 효과를 높이는 데 기여하는 것으로 알려져 있다. 학생들은 자신의 속도대로 배울 수 있고, 실패에 대한 두려움 없이 다양한 시도를 해볼 수 있다. 이와 같은 게임과 AI가 결합된 새로운 학습 방식은 지식 전달 이상으로 문제 해결 능력 창의성과 같은 역량 개발에도 도움이 될 것으로 기대된다.

놀이를 통한 치유와 성장

게임과 놀이는 정신 건강과 신체적 재활에도 중요한 역할을 할 수 있으며, AI 기술의 발전은 이러한 치료적 놀이의 가능성을 보여주고 있다. AI는 개인의 상태와 필요에 맞춘 맞춤형 치료를 제공할 수 있도록 돕고, 진행 상황을 실시간으로 분석해 최적의 난이도와 자극을 제공하는 것을 목표로 한다. 이를 통해 치료 과정이 더 효과적이고 지속 가능하며, 무엇보다 환자들에게 즐거운 경험이 될 수 있다. 이러한 놀이 기반 치료는 약물이나 전통적 치료법을 보완하는 새로운 접근법으로 주목받고 있다. 앞서 언급했듯, 〈인데버알엑스〉는 2020년 게임으로는 최초로 미국 식품의약국(FDA)의 승인을 받은 디지털 ADHD 치료제다. Akili Interactive가 개발한 이 게임은 신경인지학적 원리에 기반한 치료 방법을 모바일 게임 형태로 구현했다. FDA가 승인한 임상 시험 결과에 따르면, 이 게임을 통해 치료를 받은 아동의 상당수가 주의력 향상을 보였다고 한다. 또한 명상과 심리 치료 분야에서도 VR과 AI를 활용한 새로운 접근법이 개발되고 있다.

〈트립(Tripp)〉은 FDA에서 브레이크스루 기기(Breakthrough Device)로 지정한 VR 기반 명상 앱으로, 불안 장애 치료에 활용되고 있다. 이 앱은 사용자의 호흡 패턴과 머리 움직임을 추적해 개인화된 몰입형 명상 경험을 제공한다. 또한 옥스퍼드 VR의 공포증 치료(Fear Treatment) 프로그램은 가상현실과 AI를 결합해 고소공포증과 같은 공포증 치료에 활용되고 있다. 대니얼 프리먼 교수 연구진이 개발한 VR 시스템 〈게임체인지(gameChange)〉의 효과를 검증 발표한 연구 결과에 따르면, 이 VR 기반 치료법은 전통적 노출 치료에 비해 효과적이며, 치료 기간도 단축시키는 것으로 나타났다.

재활 치료 분야에서도 AI 게임의 활용이 늘어나고 있다. 운동 재활 프로그램들은 환자의 움직임을 분석해 적절한 난이도의 운동을 게임 형태로 제시하며 실시간으로 피드백을 제공한다. 이러한 게임화된 접근법은 전통적인 재활 치료에 비해 환자들의 참여도와 지속성을 높이는 효과가 있다. 노인 인지 건강 분야에서도 AI 게임의 활용이 확대되고 있는데, 인지 훈련 프로그램들은 치매 예방과 지연에 도움이 될 수 있으며, AI 기술은 사용자의 인지 수준에 맞춰 게임의 난이도를 조절하고, 정기적인 평가를 통해 인지 기능의 변화를 추적할 수 있게 한다.

놀이를 통한 치유와 성장은 이제 가능성을 논하는 단계 이상으로 점차 과학적으로도 그 효과가 입증되고 있는 분야다. AI 기술은 이러한 치료적 놀이를 더욱 정교하고 효과적으로 만들어가고 있으며, 다양한 건강 문제에 대한 보완적 접근법으로 발전하고 있다.

창조적 놀이

과거에는 예술 창작이 전문가들의 영역으로 여겨졌지만 AI 기술을 통해 이러한 경계가 약해지고 있다. AI는 창작 과정에서 영감을 제공하거나, 복잡한 기술적 과정을 단순화하거나, 때로는 공동 창작자로서 역할을 한다. 이를 통해 더 많은 사람들이 자신의 창의성을 발견하고 표현할 수 있게 되었다. 구글의 〈오토드로우(AutoDraw)〉는 AI를 활용한 직관적인 드로잉 도구다. 이 도구는 사용자의 간단한 스케치를 인식해 완성된 그림으로 변환해 주며, 누구나 쉽게 그림을 그릴 수 있도록 도와준다. 또한 마이크로소프트의 〈페인트 3D〉는 Windows 10에 탑재된 3D 모델링 도구로, 사용자가 3D 오브젝트를 만들고 편집할 수 있게 한다. 이 도구는 3D 객체 라이브러리와 기본적인 모델링 기능을 제공해 초보자도 3D 콘텐츠를 쉽게 만들 수 있게 해준다. 〈Artbreeder〉는 GANs(Generative Adversarial Networks, 생성적 적대 신경망) 기술을 활용한 협업 예술 플랫폼으로, 이 플랫폼에서는 사용자들이 AI 기술을 통해 다양한 이미지를 결합하고 변형할 수 있으며, 다른 사용자들의 작품을 기반으로 새로운 창작물을 만들 수도 있다. AI 기반 음악 창작 도구도 다양하게 개발되고 있는데, 구글의 〈마젠타(Magenta)〉는 머신 러닝을 활용한 창의적 도구를 개발하는 프로젝트로, AI 모델을 통해 음악 창작을 지원한다. 이러한 도구들은 사용자가 제공한 간단한 멜로디를 확장하거나 새로운 음악 패턴을 생성하는 데 도움을 준다.

이러한 AI 기반의 창작 환경은 전문가만의 영역으로 여겨졌던 예술 창작을 누구나 참여할 수 있는 놀이로 만들고 있다. 특히 AI는 초보자들의 창작 과정에서 발생하는 기술적 장벽을 낮추고 즉각적인 피드백을 제공함으로써 발전을 가속한다. 동시에 전문 예술가들에게도 AI는 새로운 창작 도구가 되고 있다. 그들은 AI와의 협업을 통해 기존에 시도하지 못했던 형태의 표현을 탐구하고, 자신의 창작 영역을 확장하고 있다.

AI와 예술의 만남은 창작의 본질에 대한 새로운 질문도 제기한다. 창의성의 정의, 예술 작품의 가치, 인간과 기계의 역할 등에 대한 논의가 활발히 이루어지고 있으며, 이는 예술철학과 미학에 새로운 관점을 제시하고 있다.

놀이의 미래와 인류

인류 역사에서 놀이는 여가 활동과 더불어 문화, 학습, 사회적 관계 형성의 중요한 요소였다. AI 시대에 접어들면서 놀이의 본질은 유지되지만, 그 형태와 가능성은 크게 확장되고 있다. 놀이는 디지털 가상과 현실과 물리적 경험의 경계를 넘나들며 새로운 의미를 만들어가고 있다. AI는 놀이의 본질적 요소들 – 상상력, 창의성, 사회적 상호작용, 감각적 경험 – 을 확장하고 풍부하게 만든다. 또한 놀이의 공간은 물리적 세계에 국한되지 않으며, 가상세계와 확장 현실 속에서 무한한 가능성을 갖게 되었다. 다중 감각을 통한 놀이 경험은 더욱 몰입감 있고 의미 있는 상호작용을 가능하게 했으며, AI와의 창의적 협업은 예술과 창작의 새로운 가능성을 만들었다.

또한 AI와 놀이의 결합은 사회적 혁신의 도구로도 사용되고 있다. 〈폴딧(Foldit)〉과 같은 시민 과학 게임은 집단지성을 활용해 실제 과학 문제를 해결하는 데 기여하고 있다. 워싱턴 대학이 개발한 이 프로젝트는 단백질 접힘 구조를 게임화해 전 세계 플레이어들이 생물학적 퍼즐을 푸는 데 참여하게 했다. 그 결과 AIDS 연구에 중요한 단백질 구조를 규명하는 성과를 이뤘다. 또한 환경 보호와 기후 변화 대응에도 게임과 AI의 결합은 새로운 가능성을 제시하고 있다. 〈기후 공동실험실(Climate CoLab)〉은 MIT가 개발한 집단지성 플랫폼으로, 참가자들은 기후 변화 대응책을 게임 형태로 제안하고 협업한다. 여기서 AI는 제안된 솔루션의 영향을 시뮬레이션하고 다양한 아이디어를 통합하는 역할을 한다. 그러나 이러한 발전과 함께 중요한 과제들도 존재한다. 디지털 의

존성, 프라이버시 보호, 기술 접근성의 격차 등은 우리가 신중하게 고려해야 할 문제들이다.

네덜란드의 철학자 요한 하위징아가 '호모 루덴스'라는 개념을 통해 주장했듯이, 놀이는 인간 본성의 핵심적 요소이며, AI 시대에도 이러한 본질은 변하지 않을 것이다. 오히려 AI는 이러한 인간의 본질적 특성을 더욱 풍부하게 발현시키는 조력자가 될 가능성이 크다. 즉, 인간의 창의성과 AI의 능력이 결합할 때 가장 혁신적인 결과가 나올 수 있다. 결국 놀이와 AI의 미래는 기술 자체보다 우리가 그것을 어떻게 활용하고, 어떤 방향을 설정하느냐에 달려 있다. AI는 인간의 놀이 본능을 제한하는 것이 아니라 확장하고 풍부하게 만드는 도구로서 그 가치를 발휘할 때 진정한 의미를 가질 것이다. 놀이를 통한 창의성, 공감, 협력, 문제 해결 능력은 미래 사회에서 더욱 중요해질 것이며, AI는 이러한 가치들을 실현하는 데 중요한 역할을 할 것이다.

참고문헌

김영아(2022.7.12). 게임하듯 즐기는 명상, 메타버스를 만나다 : 트립. 더밀크, https://www.themiilk.com/articles/a4f8d89ee

김영윤 · 조준희(2024). 기술생성시대 AI 예술의 미학적 가능성. ≪인문콘텐츠≫, (74), 35-64쪽.

10.18658/humancon.2024.09.35
배정민 · 김정겸(2024). 마인크래프트를 활용한 메타버스 기반 프로그래밍 수업이 학습정서와 학습동기, 학습몰입도에 미치는 영향. ≪교육공학연구≫, 40(1), 113-140쪽.
이정아(2024.6.10). 우울증 · 불안장애 · ADHD도 AI로 치료한다. ≪조선비즈≫, https://cbiz.chosun.com/svc/bulletin/bulletin_art.html?contid=2024061000206
Bar-El, D. & E. Ringland, K.(2020.9). Crafting game-based learning: An analysis of lessons for minecraft education edition. In Proceedings of the 15th International Conference on the Foundations of Digital Games, pp.1-4.
Freeman, D., et al.(2022). Automated virtual reality therapy to treat agoraphobic avoidance and distress in patients with psychosis (gameChange): a multicentre, parallel-group, single-blind, randomised, controlled trial in England with mediation and moderation analyses. *The Lancet Psychiatry*, 9(5), pp.375-388.
Munday, P.(2017). Duolingo. Gamified learning through translation. *Journal of Spanish Language Teaching*, 4(2), pp.194-198.
Saborio-Taylor, S. & Rojas-Ramirez, F.(2024). Universal Design for Learning and artificial intelligence in the digital era: Fostering inclusion and autonomous learning. *International Journal of Professional Development, Learners and Learning*, 6(2).

이영아

성공회대학교 미디어콘텐츠융합학부 조교수. 홍익대학교 영상대학원에서 “비디오게임 이용자 유형별 실패 내성에 관한 연구”로 석사학위를 받았다. 2012년 넥슨 개발자 콘퍼런스(NDC)에서 “게임에서의 실패에는 뭔가 특별한 것이 있다”를 주제로 강연했다. 당시 언급했던 네 살 아들이 게임에서 ‘FAIL(실패)’을 보고 “다시 하라는 거야!”라고 답한 일화는 지금도 실패 경험을 설명하는 사례로 자주 언급된다. 게임개발사 (주)스튜디오캔지 대표이사로 재임했으며, (주)엔씨소프트에서 〈리니지2〉, (주)웹젠에서 〈SUN Online〉, (주)위메이드엔터테인먼트에서 〈미르의전설2, 3〉개발에 콘셉트 아티스트로 활동했다. 게임과 AI관련 연구 논문으로 “A Study on the Next-Generation 3D Modeling Pipeline through the Integration of Generative AI and Photogrammetry”(2025), “GAN 기반 생성 이미지를 이용한 모핑 방식에 따른 인간다움, 매력, 섬뜩함의 차이”(2024), “디지털 게임 속에서의 실패 경험”(2022), “MDA프레임워크를 통한 디지털 게임 공간의 장소성 발생 구조에 관한 연구”(2021) 등을 발표했으며 저서로는 『포토샵으로 디지털 페인팅 시작하기』(2019)와 『SNS 유튜브 포토샵』(2020)이 있다. 국제논스크립트콘텐츠학회(INSCA) 학술위원장, (사)한국애니메이션학회(ASKO)이사, (사)한국게임학회 정회원으로 활동하고 있다.